東南アジア市場参入のための流通戦略

同質化する海外市場とバリュー創出

Distribution strategy for entering
the Southeast Asian market

目黒良門 ● 著
Meguro Ramon

序文

日本企業を惹きつける東南アジア市場

　東南アジア市場は，マクロ経済指標で判断する限り，非常に魅力的な市場である。帝国データバンク2016年の調査によれば，東南アジア諸国連合（ASEAN）加盟10か国の域内総人口は約6億人，名目GDPは約2兆ドル，域内総貿易額は2.1兆ドル，まさに世界有数の巨大経済圏が，日本から飛行機で6～7時間の距離の中にまとまって存在している事になる。経済規模だけでなく，その成長力の大きさも，成熟市場の中で喘ぐ日本企業には大きな魅力に映る。ベトナムの経済成長率は，1982年から今日に至る35年の間，一度も5％を下回った事がない。また，インドネシア国民の平均年齢は27.8歳，マレーシア国民の平均年齢は28.5歳と，若い消費者に支えられているのも東南アジア市場の特徴である（国連「World Population Prospects 2015 Revision」より）。高い購買力と強い購買意欲を持つ中間層は今後数十年，安定して拡大していくと予想される。また，ここ十数年来の中国市場を取り巻く状況も，日本企業の東南アジア志向に一層の拍車をかけている。経済の減衰や人件費の高騰などの経済的要因，その他の社会的・政治的要因により，日本企業がいわゆる"チャイ・プラン・ワン"諸国に向かうようになって久しい。

　筆者は，2004年から，食品製造業を中心とした東南アジアにおける日本企業の活動状況を調査している。筆者が接して来た日本企業のほとんどが，東南アジア市場進出の理由として，"販路の拡大"を挙げている。特に，地域の中堅企業にその傾向が強かった。東南アジア市場への輸出により，止まってしまっている国内の"余剰"製造ラインを再稼働したい，あるいは遊休状態にある国内工場を再稼働したいという声も数多く聞かれた。また，2000年初頭あたりから，マスコミを中心に，中国を含むアジア諸国における日本製品・ブランドの人気ぶり，和食愛好者の増加，アニメ・ゲームに代表される

現代日本文化への憧憬といったニュースが象徴的に語られるようになり，さらには多くの旅行者が日本人を大歓迎してくれる東南アジアの観光スポットに押し寄せ，いつの間にか"アジア市場＝親日的マーケット"という図式が日本人の間に出来あがっていった。こうした東南アジアの市場に対する好イメージも，日本企業の東南アジア志向に一役買っているように思える。

東南アジア市場参入の難しさ

実際のところ，東南アジア市場での成功を目論む日本企業は，現在どのような状況に置かれているのであろうか。2018年5月公表の2016年度海外事業活動基本調査（経済産業省）によれば，同年度内における海外からの撤退日本法人の数は，米国の63社，中南米の42社に対して，インドネシア・マレーシア・タイ・フィリピンのASEAN 4においては全体で75社と，米国からの撤退企業数よりも多いという結果になっている。巨大で，成長性が高く，親日的と思われる東南アジア市場であるが，実際のところ，そこへの参入には様々な障壁が存在する。東南アジアは参入が容易なマーケットではないというのが，筆者の問題意識の根底にある。

東南アジア市場参入にともなう障壁は，インフラ整備，法制度，労働者の質，文化・社会・宗教上のギャップなど多岐に渡る。しかしながら，筆者が見るところ，日本企業にとっての東南アジア市場参入の最大のボトルネックは，その特殊な「競争環境」にある。本文中の冒頭において詳述するが，筆者は，東南アジア市場をその成熟度合いから2つに大別して考える。1つは，歴史的・社会的・政治的諸事情により経済発展の歩みが相対的に遅くなった「後行アジア市場」である。もう1つは，多種多様な問題を抱えながらも，政治的・経済的安定を享受し，消費者の購買力が着実に向上する事で市場が発展して来た「先行アジア市場」である。具体的には，インドネシア・マレーシア・タイ・シンガポール・香港（中国）・台湾といった国々がそれに該当する。そして，実際は，多くの日本企業が，中間層以上の割合と購買力が大きいこれら先行アジア諸国市場への参入を目論んでいるのである。

同質化する市場と２つの巨大企業群

　それでは，これら「先行アジア市場」の「競争環境」とはどのようなものだろうか。多くの日本企業が参入を試みる「先行アジア市場」の競争上の特質とは，市場カテゴリーの「同質化」である。市場カテゴリーの「同質化」は，経済が急成長し，市場カテゴリーが相対的に狭隘化すれば，どこの国の市場でも起こり得る。OECD加盟国のようないわゆる先進国の市場は，その市場カテゴリーの多くがすでに「同質化」に見舞われている。今日のマーケティングにおける最大のテーマが，こうした「同質化」への対応である事はいうまでもない。多くの研究者や実務家が，「同質化」を"克服"もしくは"回避"するための様々な理論の構築に心血を注いでいる。しかしながら，先進国市場とは異なり，ふつう，東南アジア諸国の市場は未だ成長過程にあるとされている。東南アジア市場の「同質化」は，どのようなコンテキストにより生じたものであろうか。

　本文中に詳しいが，東南アジア市場において経済成長を牽引している主役は，「華人系地場財閥企業」と「欧米系外資企業」である。これら２つのスーパーパワーは，いずれも東南アジア各国に固有の歴史的状況の中から生まれ育って来た。そして，急激な経済成長の中で，各市場カテゴリーにおけるシェアを伸ばし，今も巨大化を続けている。東南アジア市場における「同質化」は，これら２つの企業群が市場を独占する事により加速していったのである。もちろん，本来的な概念に従えば，「同質化」は市場成熟化の"自然な"進行によって発生するものである。しかし，東南アジア市場における「同質化」は，これら２大企業群が市場成熟化の中でシェアの奪い合いを繰り返した結果，発生・加速したものととらえる事が出来る。また，それだけではなく，近年，これら２つの企業群は，流通戦略（販路確保）と製品開発（製品適応）というマーケティングの主要分野において互いに協力関係を築き，売上と利益の伸長を図りつつある。各市場カテゴリーの「同質化」に一層の拍車をかけているこうした２大企業群の連携を，筆者は"強者同盟"と呼んでいる。

さらにもう1つ，東南アジア市場に特徴的な重要問題がある。ふつう「同質化」の問題とは，製品戦略上あるいはプロダクトマーケティング上のテーマである。つまり，製品の機能・品質・デザインなどが平準化し，製品そのものの差別化が困難になるという状態が「同質化」であり，企業はこれに主として製品戦略（例えば，製品イノベーション）により対応する事になる。あるいは，全く新しい製品アイディアを創出する事で，成熟化した市場から離脱しようとする。ところが，上述の東南アジア市場における2大企業群は，メーカー機能を所有するのみならず，コングロマリットとして，大規模な流通機能（ディストリビューター（卸）・小売）をも自社グループ内に所有している。つまり，市場独占により製品の「同質化」を進める一方で，その強大なパワーで「流通支配」をも進めているのである。

日本企業 ― 弱者の自覚と戦略

　「華人系地場財閥企業」と「欧米系外資企業」という2大プレイヤー群が，製品の「同質化」を進め，さらには「流通支配」も進めている中，東南アジア市場を目指す日本企業に求められているものは何か。それは，"戦略"である。市場規模と成長力を誇る東南アジア市場に参入するための"戦略"である。日本企業は，製品差別化においても，流通支配力においても，東南アジア市場では弱者に他ならない。そもそも"戦略"とは，その歴史的な意味を辿れば，パワーにおける弱さを克服するための知恵財産なのである。

　本書の目的は，「同質化」が進む東南アジア市場に参入を果たし，継続して収益を確保するために，販路確保を中心とした"戦略"について考察し，インプリケーションを提示する事にある。「製品差別化」および「流通コントロール」の双方において大きな困難が予想される東南アジア市場参入に際しては，これら2つのマーケティング要素を"統合的に"取り扱う（あるいは，組み合わせる）事が不可欠と筆者は考える。従って，本書の最後に提示する4つのインプリケーションは"流通戦略を中心とした統合的な市場参入戦略"

という事になる。

　また，本書における論考が，メーカー（製造業）に軸足を置いたものである事も付記しなければならない。これまで，筆者は，大規模小売業の東南アジア市場参入に関する幾つかの貴重な先行研究に触れ，多くの有用な知見を得て来た。それらとは異なり，本書は，日本のメーカーの市場参入を中心テーマとして扱っている。筆者はこれまで，食品メーカーを中心とする幾つかの日本のメーカーとともに調査活動を行って来た。そこにおいて得られた情報とデータをもとに本書は構成されている。

　まず，初めに，「同質化」の視点から，「先行アジア市場」を中心とした東南アジア市場の分析を行う。次に，市場カテゴリーの分析と選定を踏まえ，参入のための統合的戦略（本文中では，参入基本戦略）について考える。次に，流通戦略の方向性に影響を及ぼすと考えられる製品化戦略について触れる。以上をもとに，東南アジア市場参入のための流通戦略として，現地ディストリビューターとの連携を軸としたバリューチェーンの構築について提案を行う。最後に，筆者が現地におけるインタビュー調査をもとに作成した日系食品メーカーの流通戦略に関するケースを紹介する。

　本書が，東南アジア市場における我が国メーカーの企業行動に関する研究，ならびに具体的な流通戦略の構築に多少なりとも貢献出来れば，これに勝る幸せはない。

2018年5月
目黒良門

■目次

第**7**章

戦略インプリケーション

第**8**章

東南アジアの同質化・未同質化市場への参入ケース
―現地日系企業でのインタビュー調査をもとに ―

補論

第1章

東南アジア市場の「成熟化」と「同質化」

1 ● 市場の成熟度

　東南アジア市場参入のための流通戦略を検討するに当たり，本書では，参入先市場の成熟度から考察していきたい。冒頭において述べたように，効率的な市場参入のためには，市場を成熟度によって分類し，それぞれに対して別個に参入戦略を立案する事が望ましいからである。市場の成熟度をどのようにレベル分けするべきか，掘り下げて考えてみたい。

　通常，マーケティングの基本的な考え方に基づけば，市場の成熟度はプロダクトライフサイクル（product life cycle）で表される。その名の通り，元々は製品（product）が投入されてから撤退するまでのライフサイクル（life cycle）を市場変化の視点からとらえたもので，スタートアップ期⇒成長期⇒成熟期という流れを辿る。ライフサイクルは，新製品のみならず市場にも適用される。例えば，ミャンマー市場のような"スタートアップ段階"と日本市場のような"超成熟段階"の間には，数多くの製品が競い合う"成長期"と，競争状態が一段落し価格も安定に向かう"成熟期"が存在する。仮に，ミャンマー，ベトナム，インドネシアの東南アジア3か国の消費市場カテゴリーをライフサイクル上に並べてみると，図表1-1のようになる。ミャンマーでは，多くの市場カテゴリーが未だスタートアップ期にあるのに対し，インドネシアにおいては消費財市場を中心に多くの市場カテゴリーがすでに成熟期に達してしまっている[1]（図表1-1参照）。

図表1-1　東南アジア各国市場の成熟度

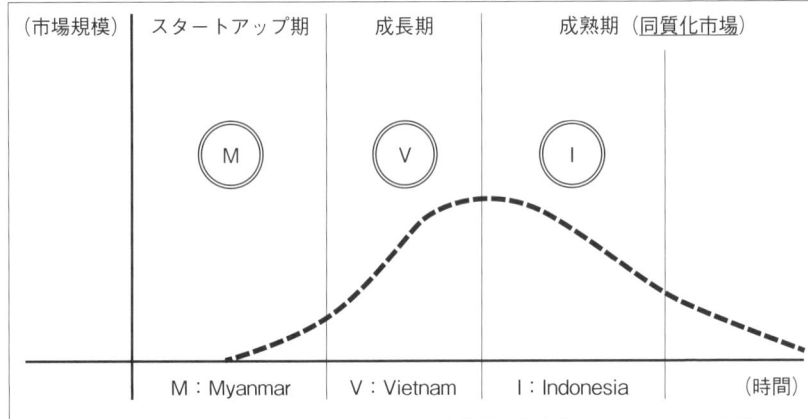

（市場規模）　スタートアップ期　　成長期　　成熟期（同質化市場）

M　　　V　　　I

M：Myanmar　　V：Vietnam　　I：Indonesia　　（時間）

インドネシア，ベトナム，ミャンマー3ヶ国の消費財の各市場カテゴリーは，市場ライフサイクルのどこに集中しているか。

出所：筆者作成。

写真1-1　インドネシア食品市場の成熟カテゴリー「スナック菓子市場」

ジャカルタのスーパー（筆者撮影）。

東南アジアの消費市場について考える場合，我々はしばしば，様々なマクロ経済指標を通して，国家経済の発展レベルという視点からこれをとらえようとする。確かに，経済規模，収入レベル，インフラ整備状況などを比較検討するためには，そうしたマクロ経済数値を参照する事が必要となる。しかし，企業が市場参入に成功するためには，マクロ経済指標に加え，当該市場の成熟度を把握する必要がある。競争状況が，スタートアップ段階なのか，競争段階なのか，成熟段階なのかによって，行うべきマーケティング戦略も大きく変わってくるからである。一般に，市場が成熟し，製品やブランドの“勝ち負け”が明らかになり，価格が安定すればするほど，広告や製品改良を中心とした従来型のマーケティング戦略が効き難くなってくる。結果，市場参入のために莫大なマーケティング・コストを空しく費やす日本企業が後を絶たない。マーケティング・コストを適切に使いつつ参入戦略の効果を上げるためには，市場の成熟度を十分に検討する事が不可欠なのである。

　本書では，国別市場（地域市場）により成熟度に違いに着目し，ライフサイクルの考え方に基づき，東南アジア各国の消費市場を幾つかのレベルに分けて考える。しかし実際は，国別の市場区分だけではなく，製品カテゴリーによっても成熟度は大きく異なる。インドネシアのインスタント麺市場はかなり以前から成熟期を迎えているが，同じインドネシアでも機能性飲料のカテゴリーは未だ成長期の途中にある。参入戦略を立案する場合は，国別市場のみならず，カテゴリー別の競争状況についても見ていく必要がある。もちろん，より成熟度が高い国の方が多くの成熟カテゴリーを市場内に抱えている。次節以降で詳しく述べるが，インドネシア食品市場が，インスタント麺，調味料，スナック菓子など多くの成熟カテゴリーを有しているのに対し，ベトナムでは未だ多くのカテゴリーがマーケティング競争の十分に可能な競争可能カテゴリーとして残されている。

2 ●東南アジア成熟市場における同質化の特徴

　国別市場のみならず，製品カテゴリーの違いによっても，市場の成熟度は大きく異なる。成熟が進むインドネシアには，より多くの"成熟カテゴリー"が見られる。一方で，未だ成長段階にあるベトナムには，多くの成長可能な"成長カテゴリー"が残されている。参入市場を選択する場合は，国別市場の状況に加えて，カテゴリーの成熟度も十分に考慮に入れなければならない。

　さて，成熟期の市場では，製品の「同質化」（コモディティ化）という問題が必ず発生する。「コモディティ」（commodity）とは日用品の事。「コモディティ化」（commoditization）とは，製品が"日用品化"してしまう事である。我々が安価な日用品を選ぶ場合（例えば，消しゴムや定規などの文具を選ぶ場合），製品の差別性といった事柄についてはあまり考慮に入れないのがふつうである。つまり，同質化とは，ある市場が成熟期に達し，似たような機能，品質，デザインの製品が市場に溢れ，消費者が製品やブランドの差別性を認識し得なくなる状態を指す。

　一般に，こうした成熟期における同質化は，市場に参入しようとする企業に2つのリスクをもたらす。1つは価格競争が激化するリスク。もう1つが，企業のマーケティング施策が非効率化するリスクである。特に，業界に強力なリーダー企業と複数の有力企業が共存する場合，それら企業が新製品と対抗製品の開発を繰り返し，市場は瞬く間に類似製品・類似ブランドで埋め尽くされてしまう。その結果，超成熟期の日本がそうであるように，多くの大企業が低価格とマーケティング費用負担の2重苦に苦しむ事となる。GEの最高経営責任者であったジェフ・イメルト氏の有名な言葉に，"コモディティ・ヘル"（commodity hel：同質化の地獄）というものがある。薄型液晶テレビ市場における日本企業の苦戦は，まさに地獄（hell）という言葉を彷彿とさせる。

　それでは，東南アジアの成熟市場における同質化とは，どのような特徴を持つのだろうか。複数の有力な市場プレイヤーがあらゆるカテゴリーにおいて

新製品開発競争を行い，類似製品が市場を覆い尽くしていくというのが，多くの教科書に書いてある理論上の同質化発生プロセスである。しかしながら，インドネシアに代表される東南アジア成熟市場における同質化の発生要因は，それとは若干様相が異なっている。もちろん，同質化がもたらす結果については日本市場も東南アジア市場も同じである。いずれの市場においても，結果としては，消費者が製品やブランドの差別性を認識出来なくなり，価格が下方硬直化し，マーケティング施策が無力化する。むしろ，違いはその発生プロセスにある。東南アジア成熟市場における同質化は，多くの場合，巨大企業によるカテゴリーの独占によってもたらされるのである。東南アジア市場における成熟カテゴリーのほとんどが，巨大企業の独占により同質化が進んでいるカテゴリーと考えて間違いはない。

東南アジア市場において，カテゴリーを独占し，同質化を発生させる巨大企業とはどのような企業なのだろうか。食品以外の他分野も含めて，インドネシアの主要カテゴリーを独占する大企業は，外資系（欧米系）企業と華人

写真1-2　ユニリーバ（インドネシア）の代表的な製品群

ユニリーバインドネシア本社にて（筆者撮影）。

系財閥企業に大別される。これら2大勢力に共通するのは「歴史の古さ」と「流通支配力」である。華人系財閥の場合は，これに「強大な総合力（トータル・パワー）」が加えられる。一般に（あるいは日本において），ローカル市場における外資系企業といえば，長い歴史や流通支配力を持たない新参企業のように思われがちである。しかしながら，インドネシア近・現代史において，外資系企業の多くは半世紀に近い長い歴史を誇っている。例えば，欧米系食品企業の東南アジアにおける代表的存在であるユニリーバ社がインドネシアに支社を設けたのが1933年，第2次世界大戦勃発の5年前である。華人系財閥でローカル食品最大手のインドフード社の設立（同社名による登記）が1993年である事を考えれば，ユニリーバ社が，いかに長い歴史を誇っているのかが理解される。ユニリーバ社に代表されるインドネシアの外資系企業の長い歴史は，そのまま地元消費市場への深いブランド浸透と強大な流通支配力に結び付くのである。次節において詳述するが，卸売業者の囲い込みにおいても，商慣習への適応においても，ユニリーバ社は地元の華人系財閥企業をもしのぐ市場適応力を示している。同じ事は，コカコーラ・インドネシア社にもネッスル・インドネシア社等の外資系食品大手にもいえるのである。

3 ● 東南アジア市場に固有の同質化要因 "強者同盟"

　東南アジア消費市場における市場同質化（コモディティ化）の主たる要因は，外資系企業と華人系財閥企業によるカテゴリー市場の独占である。では，これら東南アジア消費市場における2大プレイヤーが市場をどのように独占しているのか，インドネシア食品市場における外資系企業の行動を例に明らかにしてみよう。東南アジア消費市場における外資系企業の行動は以下の2点に特徴付けられる。

・商習慣への徹底した順応による流通コントロール
・外資系（欧米系）企業と華人系財閥との強い結び付き

【商習慣への徹底した順応による流通コントロール】

インドネシアにおける外資系企業の多くは半世紀に近い長い歴史を誇っている。インドネシア食品業界のリーダー的存在ともいえるユニリーバ社は，第2次世界大戦勃発の数年前には，すでに同地で活動を始めている。80年にわたる歴史を通して，ユニリーバ社は徹底して商慣習に順応し，その結果として強大な流通支配力を獲得した。歴史の古さにおいても，商習慣への順応行動においても，ユニリーバ社はインドネシアのローカル企業よりもさらにローカル色の強い企業という事が出来る。

ユニリーバ社の順応行動は，特に伝統的流通分野において顕著である。ここでは，その具体的な例として，彼らのリスティング・フィーへの対応について取り上げたい。リスティング・フィーとは，メーカーや流通業者が小売店側に支払ういわゆる"棚代"の事で，アジア各国の消費財市場に存在する商慣習である。インドネシア消費市場においては，特に多額の金銭の授受が習慣的に行われており，長年にわたり同国消費市場における競争阻害要因になって来た。筆者は2012年に，インドネシアの伝統的流通に関する調査を行い，ジャカルタの公設市場内にあるTOKO（トコ）と呼ばれる小売店に対してインタビューを実施した。それによれば，公設市場の小売店頭におよそ50cm×50cmのユニリーバ商品の棚を設置した場合のリスティング・フィーは，3か月で約30万ルピア（約3,000円，2つの公設市場内の計10店舗の平均金額）。この支払金額は，インドフード社などの華人財閥系企業を含めたどの競合他社のそれよりも遥かに多額であった。また，マージンの金額や仕入れ代金の支払期限においても，ユニリーバ社は際立った好条件を流通業者側に提示している事が確認された。[3]

多額のリスティング・フィーは，上述したように，小売間の競争阻害要因となる。しかしながら，ユニリーバ社はこうした商習慣に徹底的に順応し，過剰ともいえる流通コントロール策を実施する事により，複雑で長いインドネシアの伝統的流通を支配して来た。結果として，小売店頭の多くのスペースを同社のブランドが占め，消費者のブランド選択は自ずと狭められる事にな

った。

【欧米系外資と華人系財閥との強い結び付き】

インドネシアの外資系企業は，今日，競合関係にある華人系財閥企業との連携を強めつつある。その連携は，流通コントロールを目的とした相互依存的な結び付きである。その一例が，外資系企業によるメガブランド・フランチャイズ展開である。フランチャイズという呼び方をしているが，正確には，地場企業による欧米系メガブランドのライセンス生産・販売の事をいう。現在，東南アジアにおいては，36の外資系食品企業が10か国以上で自社ブランドのライセンス生産・販売を行っている。特に，インドネシアにおいては，50以上の外資系食品企業が華人系財閥企業とライセンス契約を結んでいる。食品分野でいえば，スナック菓子，調味料，乳製品といったカテゴリーにおいて，メガブランド・フランチャイズ展開は盛んであり，これらカテゴリーが急速に同質化する主原因となっている。

写真1-3　スーパーの店頭に並ぶ欧米系食品メガブランド

ジャカルタのスーパー　（筆者撮影）。

一方で，外資系食品による地場有名ブランドの買収も積極的に行われている。インドネシアにおける有名ブランドのほとんどは華人系財閥企業により所有されており，外資系企業はこれらを事業ごと買収する事により，新製品開発とブランド構築の手間を省きつつ市場参入を図る。こうした外資系食品企業によるブランド買収も市場同質の直接的な原因である。インドネシアで最も歴史ある食品ブランドであるケチャップ（ソース）の"Bango"をユニリーバが獲得したのは，その典型的な例である。

　筆者は，このような外資系企業と華人系財閥企業の結び付きを"強者同盟"と呼んでいる。インドネシアをはじめとする東南アジアの成熟市場において，外資系企業と華人系財閥企業は連携出来る局面では互いに手を結び，共に流通をコントロールして来た。その結果生じる市場の同質化は，意図的・戦略的に行われているだけに，競争激化にともなって発生する一般的な市場同質化よりも遥かに厄介なものである。日本企業が東南アジアの成熟市場に参入を果たすためには，必然的にこうした"強者同盟"にともなう市場同質化への対応を迫られる事になる。

4 ●同質化市場と未同質化市場をどう分けるか

　第1節から第3節にわたり，東南アジアにおける消費市場の成熟化および同質化について述べて来た。また，成熟期を迎えた東南アジア消費市場においてなぜ急速に同質化が進むのか，外資系企業と華人系財閥企業による"強者同盟"という言葉をキーワードに，競争分析の視点からその理由を明らかにした。先述したように，成熟期を迎えた海外市場において同質化が進み，製品の差別性が失われ，価格競争が激化すれば，従来型のマーケティング手法は効力を失い，膨大なマーケティング・コストが進出企業を圧迫するようになる。東南アジア諸国市場への参入戦略を論じる前に，我々はどの国のいかなるカテゴリーにおいて同質化が進んでいるのか，各国市場をあらかじめ分類しておかなければならない。[4]

【分類基準1 マクロ経済指標（GDP）】

　では，各国市場の成熟度をどのように測るべきか。最も単純な方法は，各国のマクロ経済の発展度合いによって，各国市場を分類する事である。マクロ経済の進展著しい国においては，消費市場がすでに成熟期を迎えており，多くのカテゴリーにおいて同質化が起こっている。これに対し，相対的にマクロ経済の発展が遅れている国においては，市場は未だ成長・競争段階にあり，様々なマーケティング手法により差別性を生み出す余地が十分にある。筆者は，こうした考え方にのっとり，前者を「先行アジア市場」，後者を「後行アジア市場」として東南アジア市場の類型化を試みた（図表1-2参照）。

　成熟化・同質化している「先行アジア市場」と未成熟な「後行アジア市場」の分類基準は，最も基本的なマクロ経済指標であるGDP（GDP値および1人当たりGDP値）である。筆者は，1人当たり名目GDP3,000米ドル以上の国を先行アジア市場と見なし，そこにおける消費市場は同質化を迎えているとした。次の図表1-2でいえば，この基準に合致している東南アジアの国は，シンガポール，ブルネイ，マレーシア，タイ，インドネシアの5か国である。こ

図表1-2　東南アジア各国のGDP比較

国名	1人当たり名目GDP（ドル）2018
シンガポール（先行アジア）	57,713
ブルネイ（先行アジア）	29,712
マレーシア（先行アジア）	9,813
タイ（先行アジア）	6,591
インドネシア（先行アジア）	3,876
フィリピン	2,976
ラオス	2,542
ベトナム	2,353
カンボジア	1,389
ミャンマー	1,263

出所：IMF, *World Economic Outlook Database*, April 2018 をもとに作成。

れら5か国それぞれの2018年におけるGDP規模はすでにスイスやベルギーといった欧州の国々のそれを抜いており，事実これらの国においては多くのカテゴリーで同質化が進んでいる[5]。

　もちろん筆者が設定したこうした分類基準は，あくまで経済発展による市場成熟化の可能性を示すもので，各国市場の競争状況を直接反映したものではない。東南アジア成熟期市場における同質化は，日本や他の先進国において見られるような完全競争下での同質化とは異なり，外資系企業による市場寡占化の結果という側面が強い。こうした東南アジア市場特有の競争状況を市場分類に反映させるためには，上記のようなマクロ経済指標の比較に加えて，新たな市場分類指標を提案する必要がある。そこで次に，各国のマクロ経済比較（GDP比較）に加え，東南アジアにおける市場同質化の現状をより直接的に反映した基準として，欧米系グローバル・メガブランドの数について考えてみたい。

　前節で明らかにしたように，インドネシアをはじめとする東南アジアの成熟期市場においてカテゴリーの独占を行い，同質化を後押しして来た主要プレイヤーは外資系企業である。一般に，地域市場における外資系企業といえば，長い歴史や流通支配力を持たない新参企業のように思われがちである。しかしながら，東南アジアの欧米系外資企業の多くは半世紀近くの長い歴史を誇っており，さらにはそうした長い歴史の中で，強大なブランド力と流通支配力を形成して来た。彼らは，時には単独で，時には華人系財閥と連携し，いわゆるグローバル・メガブランドを東南アジア市場に浸透させて来た。先行アジア市場の中でも特に同質化が著しいインドネシアにおける食品分野のグローバル・メガブランドの数は，現在49ブランドと，日本の46を抜いている。この数字は他の東南アジア諸国や後行アジア市場諸国と比べても圧倒的に多い。グローバル・メガブランドの数は，同質化の程度を測るための基準に十分になり得るものと考えられる。

【分類基準２　グローバル・メガブランド数】

　グローバル・メガブランドの数は，外資系企業の単独進出という理由だけ
で急激に増加するものではない。外資系企業は華人系財閥企業と“強者同盟”
を結び，流通を拡大・支配し，同質化を推し進めているのが実情である。こ
の強者同盟には大きく２つのパターンが存在する。パターンの１つは，華人
系財閥企業によるメガブランド・フランチャイズ展開である。正確には，財
閥系企業による欧米系メガブランドのライセンス生産・販売の事をいう。パ

図表1-3　東南アジア食品市場におけるグローバル・メガブランドとブランド数

メガブランド名	品目	ブランド数
McCain Foods	食品・飲料・菓子	7
Maggi	食品・飲料・菓子	5
Nestlé	食品・飲料・菓子	17
Novartis Gerber	食品・飲料・菓子，パーソナルケア・化粧品	6
Parmalat	食品・飲料・菓子	12
Knorr	食品・飲料・菓子	6
Lipton	食品・飲料・菓子	6
Cadbury's	食品・飲料・菓子	6
Danone	食品・飲料・菓子	4
Del Monte	食品・飲料・菓子	5
Dole Food Co.	食品・飲料・菓子	4
Hershey	食品・飲料・菓子	6
H.J. Heinz	食品・飲料・菓子	11
Kellogg's	食品・飲料・菓子	3
Kraft	食品・飲料・菓子	8
Nabisco	食品・飲料・菓子	6
Mars	食品・飲料・菓子	5
Mars Milky Way	食品・飲料・菓子	5

出所：ニールセン『グローバル・メガブラント・フランチャイズ調査』による。

図表1-4　各国におけるグローバル・メガブランド・フランチャイズ数

日本	46	オーストラリア	56
中国	37	ニュージーランド	52
香港	47	フィリピン	51
インドネシア	49	シンガポール	52
韓国	34	タイ	53
マレーシア	52	ベトナム	39

出所：ニールセン『グローバル・メガブランド・フランチャイズ調査』による。

ターンの2つ目は，外資系企業による地場有名ブランドの買収である。外資系企業は地場有名ブランドを事業ごと買収する事により，新製品開発とブランド構築の手間を省きつつ市場参入を図る。図表1-3，1-4は，東南アジアに進出している食品カテゴリーにおけるグローバル・メガブランド名とブランド数および各国におけるグローバル・メガブランド・フランチャイズの数である。

　図表1-3によれば，東南アジア食品市場におけるグローバル・メガブランドのほとんどが飲料および菓子カテゴリーによって占められており，これらカテゴリーにおける近年の同質化傾向を裏付ける結果となっている。また，グローバル・メガブランド・フランチャイズ数が多い国（図表1-4参照）は，歴史的・社会的背景から海外投資を早い段階から受け入れて来た国であり，同時に外資系企業のパートナーである華人系財閥企業が数多く存在している国である事がわかる。

【分類基準3 マーケティング費用（広告費用）】

　東南アジア諸国において，同質化市場と競争（未同質化）市場を区別する3つ目の基準が，マーケティング費用，特に広告費用の多寡である。市場が同質化し，製品の差別性が失われ，価格競争に拍車がかかると，差別性を主張するためのマーケティング費用が大きな上昇傾向を示す。特に，グローバ

ル・メガブランドのシェア拡大により，市場同質化が進み，その結果，広告による製品認知あるいは製品差別化のための活動が活発化すると考えられる。ここでは，東南アジア市場における同質化傾向を示すものとして，各国市場における広告費の推移を示しておく（図表1-5，1-6参照）。

　図表1-6によれば，上記期間における各国の広告費は，インドネシア等の成熟期の国々（同質化市場）を中心に，軒並み20%以上の高い比率で上昇を示している。同時期の日本の総広告費が通年前年比98.7%と3年連続で下落（電通調べ）していたのとは対照的である。

　以上，東南アジアにおいて，同質化市場と未同質化市場を分類する客観的な基準として，「マクロ経済指標（GDP）」「グローバル・メガブランド数」「マ

図表1-5　アジアにおける広告総費用の推移（2008〜2010年 対前年同期比増加率）

（単位：1,000米国ドル）

アジア太平洋地域	2009 Q2〜2010 Q1 (年間)	2008 Q2〜2009 Q1 (年間)	対前年同期比 増加率
中国	90,585,696	76,677,600	18%
香港	7,525,449	6,805,745	11%
インドネシア	7,484,874	6,331,746	18%
インド	6,309,460	4,991,950	26%
オーストラリア	5,942,289	6,314,766	-6%
韓国	4,129,634	4,158,110	-1%
フィリピン	3,263,127	2,889,465	13%
タイ	2,236,972	2,178,017	3%
マレーシア	1,783,225	1,588,391	12%
ニュージーランド	1,369,807	1,343,951	2%
シンガポール	1,150,697	1,138,420	1%
台湾	604,543	606,540	0%
広告総費用	132,385,775	115,024,701	15%

出所：ニールセンの資料より作成。

図表1-6　アジアにおける広告総費用の推移（2010年における対前年同期比増加率）

（単位：1,000米国ドル）

アジア太平洋地域	2010 第1四半期	2009 第1四半期	対前年同期比 増加率
中国	20,866,346	17,769,420	17%
インドネシア	1,904,854	1,514,553	26%
香港	1,856,918	1,487,726	25%
インド	1,662,416	1,255,012	32%
オーストラリア	1,363,222	1,304,387	5%
韓国	1,007,449	887,415	14%
フィリピン	814,811	658,760	24%
タイ	556,582	502,962	11%
マレーシア	418,625	339,732	23%
ニュージーランド	293,035	270,468	8%
シンガポール	277,682	244,061	14%
台湾	143,938	119,965	20%
広告総費用	31,165,878	26,354,462	18%

出所：ニールセンの資料より作成。

ーケティング（広告）費用の推移」の3つの基準を提示した。先述したように，マクロ経済数値が経済成長の客観的な水準を示すのに対して，グローバル・メガブランド数とマーケティング（広告）費用の推移は，市場内における競争状況の様態を直接反映したものである。

5 ● 東南アジアの同質化市場における日系食品ブランドの認知

　それでは，急速に同質化が進む東南アジア市場において，日系のブランドはどのように認知されているのだろうか。ここでは，先行アジア市場の中でも，特に多くの市場カテゴリーにおいて同質化が進んでいるインンドネシア食品市場における既存日系食品ブランドの認知について検証する。以下は，2011

年に，筆者がインドネシアの首都ジャカルタの中間上層および上層向けスーパーマーケットにおいて，インドネシア語による聞き取り調査を行った結果である。[6]

(1) 調査概要

・調査日：2011年11月18日　調査時間：15時～18時
・調査場所：ヘロー　サリナ店，フードホール　プラザインドネシア店
・調査対象人数：上記店舗への来店客51名（無作為抽出）

(2) 設問項目および結果

　設問①スーパーで売っている日本の食品ブランドといえば，何を思い浮かべますか？

（Apa yang anda bayangkan jika kita sebut makanan Jepang yang dijual supermarket?）

Hero サリナ店（中間層向けスーパー）

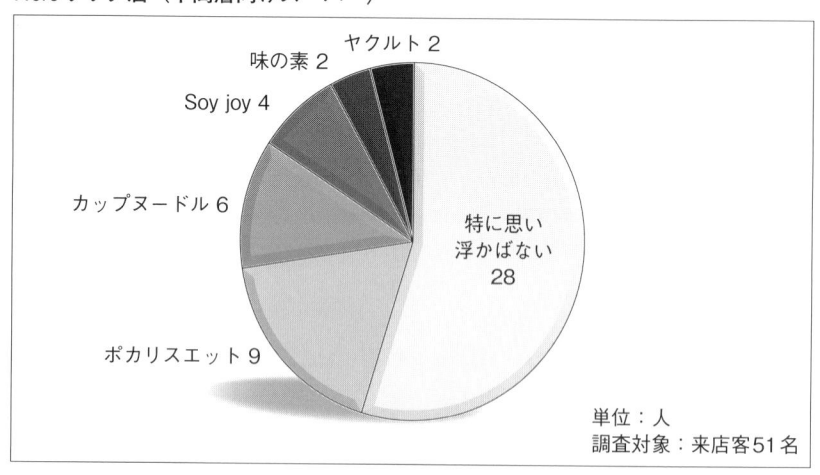

ヤクルト 2
味の素 2
Soy joy 4
カップヌードル 6
特に思い浮かばない 28
ポカリスエット 9

単位：人
調査対象：来店客51名

Food Hallプラザ インドネシア店（富裕層向けスーパー）

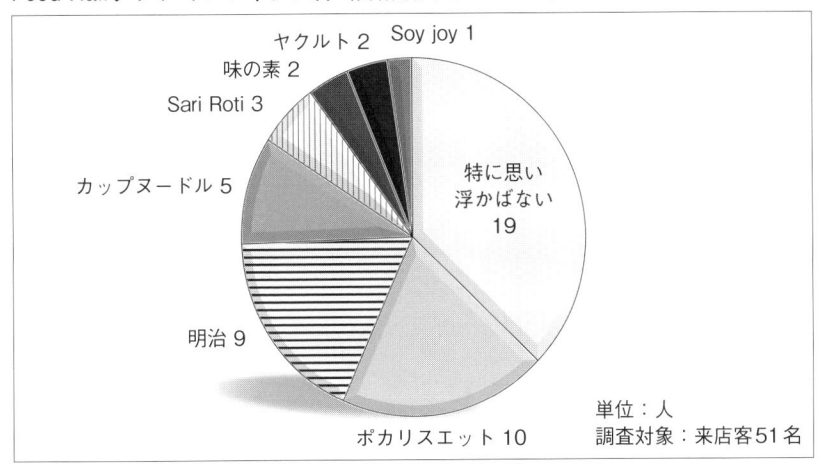

設問②スーパーでよく買う日本のブランドは何でしょうか？

（Makanan Jepang apa yang sering anda beli di supermarket?）

Heroサリナ店（中間層向けスーパー）

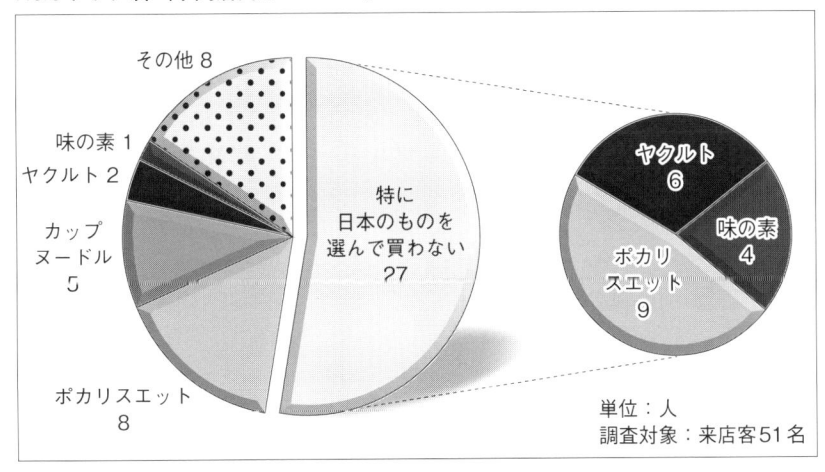

Food Hallプラザ インドネシア店 （富裕層向けスーパー）

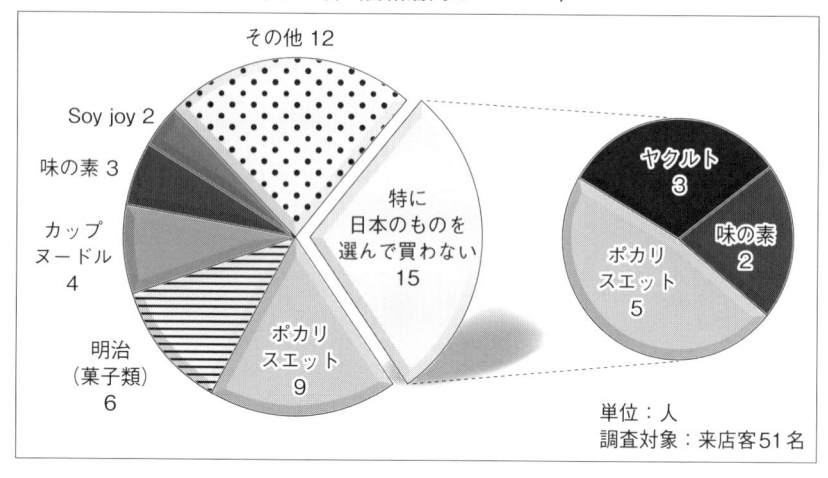

単位：人
調査対象：来店客51名

(3) 結果と考察

設問①

設問①の結果によれば，中間層向けスーパーマーケットにおいては，無作為抽出した来店客51名中，約55%の28名が特に日系食品ブランドの具体的な名前は思い浮かばないと回答した。思い浮かぶと回答した調査対象者が挙げたブランドは，「ポカリスエット」「カップヌードル」「ソイジョイ（Soyjoy）」「味の素」「ヤクルト」であった。富裕層向けスーパーにおいては，思い浮かばないと回答した調査対象者の数は減り，19名約37%であった。以上の結果から，同質化が進むインドネシア食品市場においては，日系食品ブランドに対する消費者の認知が十分に進んでいない可能性が示唆された。

設問②

次に，設問②の結果によれば，中間層向けスーパーマーケットにおいては，51名中，53%の27名が特に日系食品ブランドを選んで購入はしないと回答した。設問①同様に，富裕層向けスーパーマーケットにおいては購入者の人数

が増加し，購入しないとした調査対象者の人数は29％15名に留まった。

　興味深いのは，日系ブランドを買わないとした回答者に「スーパーマーケットでよく買う商品は何か？」という付帯質問をしたところ，中間層向けスーパーマーケットでは19名がよく買う商品として日系食品ブランドを挙げた事である。富裕層向けスーパーにおいては，買わないと回答した15名中，8名が日系食品ブランド名を挙げた。この結果からは，設問①の結果と同様に，日系食品ブランドに対する認知度の低さが示唆される。同時に，この結果は日系メーカーの製品の幾つかはすでに現地市場に完全に適応しているという状況をも示している。

　この聞き取り調査は対象者の母数が51名と少なく，この結果をもって日系食品ブランドに対する認知の状況を厳密に把握出来たとはいい難い。しかしながら，この調査により，中間層および富裕層ターゲットにおいては，日系ブランドのネーム（商品名）は，消費者のブランド選考基準には十分に成り得ていないという可能性が示唆された。インドネシア食品市場への参入に当たっては，同質化しつつある市場において既存の日系食品ブランドが直面しているこうした現状を十分に考慮に入れ，参入基本戦略および流通戦略を構築する必要がある。

6 ●同質化市場と未同質化市場の分類

　以上見て来たように，東南アジア市場を同質化市場と成長（未同質化）市場に分ける際の3つの分類基準とは，「マクロ経済指標」「グローバル・メガブランド数」「マーケティング費用」（広告費用）の3つである。以上3つの分類基準に従い，東南アジアの消費市場を類型化したものが図表1-7である。

　市場が同質化している諸国は，早い段階で相当の経済発展を遂げ，外資系企業への市場開放も早かった国々である。こうした国々は，市場が先行発展しているという意味で，「先行アジア」と見なす事が出来る。これに対して，未同質化市場を抱える諸国は，「後行アジア」と見なされる。「先行アジア」で

図表1-7　同質化市場（先行アジア）と未同質化市場（後行アジア）

	同質化市場（先行アジア）	未同質化市場（後行アジア）
国名・地域名	インドネシア シンガポール 韓国 タイ 台湾 中国（一級都市および香港） ブルネイ マレーシア	ベトナム カンボジア ミャンマー フィリピン 中国内陸（周辺国との近接域） 　　　［以下は発展途上市場］ ラオス 東チモール

＊富裕層市場，発展途上市場について
　各国・各地域市場は，それぞれ内部に富裕層市場および発展途上市場を抱えている。ここでは，
　各地域における富裕層市場，発展途上市場が，標的市場を形成するだけの規模を有している思わ
　れるものだけを選び記載した。
＊ミャンマーは，人口規模，消費市場の発展スピードを踏まえ，「発展途上市場」ではなく，「後行
　アジア市場」に含めた。

出所：筆者作成。

あるインドネシアでは，外資の進出は植民地経済が急成長した1930年代に始まっており，先に見たように，現地で成功している外資系企業の数は他のアジア諸国に比較してもかなり多い。これに対し，「後行アジア」とは先行アジアより相対的に市場発展の遅れた国と地域を指す。インドシナ半島諸国のように，現代に入ってからの大規模戦争の勃発，社会主義体制，軍政のもとでの市場経済の立ち遅れ等，後発市場と成らざるを得なかった理由は様々である。

　ミャンマーやベトナムのような，「後行アジア」諸国の特質は，新規ブランドや新製品にもチャンスが多い競争的な市場を形成している事である。インドネシア市場とは異なり，ミャンマーの消費市場は外資系企業がシェアを拡大する以前の段階であり，「先行アジア」に比較すると，同質化のリスクは十分に少ない。市場参入した外国企業がシェアを拡げていく余地が十分にある。しかし，反面，それら後行アジア諸国には，市場が未だ成長段階であるがゆえの困難な問題が存在する。その1つが流通の問題である。

　市場が成長期にあるミャンマーにおいては，全流通業においてトラディッショナル・トレードの占める割合が実に95％を占めている。トラディッショ

ナル・トレードとモダン・トレードが併存し，かつトラディッショナル・トレードの占める割合が極端に高いミャンマーの流通であるが，その理由としては，モダン・トレードが全国レベルで普及していないため，トラディッショナル・トレードおよびその店舗に対する需要が未だ大きい事が挙げられる。ミャンマーの流通に顕著なもう1つの特質は，全国展開可能な組織的卸売が存在しない事である。トラディッショナル・トレードは，ほとんどが地域の中小規模ディストリビューターに委ねられており，必然的に参入メーカーはこれら多数の中小規模ディストリビューターに依存しなければならない。これらディストリビューターは個人商店がほとんどである[7]。成熟期市場であるインドネシアにおいては古くから財閥系企業が活動しており，それら華人系財閥企業の流通・販売子会社が全国卸・物流の役割をになっているのとは対照的である。これら成長期市場における流通の問題は，ミャンマーに限った問題ではない。ベトナム，カンボジア，ラオスといった後行アジア諸国の消費市場に共通して見られる問題なのである。

　以上見て来たように，東南アジアの成熟期（先行アジア諸国）市場は，同質化という問題に直面しており，成長期・未同質化（後行アジア諸国）市場は，流通の未発達というテーマを抱えている。2つに分類されたそれら市場のそれぞれが"参入障壁"ともいえる特徴を有しているのである。これら2つのタイプの市場（国別市場）の両方に対応し得るマーケティング戦略は恐らく存在しない。限られたコストの中で優位に市場参入を進めるためには，東南アジア市場を類型化し，それぞれの市場の特質（競争環境）に合った参入戦略を選択・実行しなければならないのである。

　次章以降では，市場の発展度合いによって類型化したこれら2つのタイプの市場に対して，それぞれどのような基本参入戦略を立案し得るのか，順を追って考えてみたい。

■注 ─────────

1　筆者が行ったインドネシア食品市場における農林水産省受託調査のデータに基づく。調査の全体概要およびデータの詳細については，以下を参照。
　　財団法人食品産業センター『インドネシア食品産業進出可能性調査報告書』2012。

2　David Magee（2009）の著作に基づく。

3　筆者による上記1）の調査データ（2012）に基づく。

4　恩蔵（2007）は，我が国におけるコモディティ化（同質化）研究の先鞭をつけたその論説の中で，同質化の指標として"広告宣伝費の伸び"を挙げている。筆者は，それに加えて，マクロ経済指標としての当該国におけるGDPの伸び，競合するメガブランド数を挙げる。さらに，日系ブランドが直面する状況を確認するために，日系ブランドの参入先市場におけるブランド認知に関する調査を行った。本書第3章において考察する新カテゴリー市場創出による同質化への対応も同じ恩蔵（2007）の知見を踏まえている。

5　IMF, *World Economic Outlook Database*, April 2018のデータを筆者が編集。

6　筆者が2011年11月にインドネシアの首都ジャカルタのスーパーマーケット（「ヘロー」サリナ店および「フードホール」プラザインドネシア店）で行った聞き取り調査に基づく。データおよび調査の全体概要については，以下を参照。
　　目黒良門「先行アジア市場への参入戦略―インドネシアの食品市場を例に―」『流通情報』No.504, 2013。

7　筆者による上記1）の調査（2012）に基づく。

■参考文献 ─────────

・David Magee, *Jeff Immelt and the New GE Way*, McGraw-Hill Education, 2009.
・IMF, *World Economic Outlook Database*, April 2018.
・恩蔵直人『コモディティ化市場のマーケティング論理』有斐閣，2007。
・財団法人食品産業センター『インドネシア食品産業進出可能性調査報告書』2012。
・ニールセン『グローバル・メガブランド・フランチャイズ調査』2017。
・目黒良門「先行アジア市場への参入戦略―インドネシアの食品市場を例に―」『流通情報』No.504, 2013。

第2章

流通戦略構築のための考察枠組み

1 ●先行研究

　前章では，市場の成熟化および同質化を基準に，東南アジアの消費市場を先行アジア市場（同質化カテゴリー多い）と後行アジア市場（未同質化カテゴリー多い）に類型化した。一般的に，企業の戦略は，戦略構築条件としての考察枠組みに従ってパターン化しておいた方が，再現性が高く活用し易いものとなる。

　本章では，始めに，グローバルな同質化市場への参入戦略に関する内外の先行研究を渉猟し，次に，それら先行研究上の主要な論考を踏まえた上で，海外市場における流通戦略を構築するための考察枠組みについて検討する。

【先行研究（1）「リレーションシップマーケティング」による同質化への対応】

　同質化する海外市場における流通戦略に関して，我が国における先行研究の数は多くない。特に成長著しい東南アジア市場については，ふつうは未同質化市場と見られており，その同質性とそこにおける流通戦略ついての論考は皆無である。そこで本書では，グローバルな同質化市場における販路構築について，海外の論文を中心に先行研究の渉猟を行う。

同質化した海外市場における販路構築に関する先行研究としては，まずは
「リレーションシップマーケティング」（企業と顧客の間の関係性マーケティン
グ）に立脚した先行研究が挙げられる。「リレーションシップマーケティング」
を踏まえた海外の代表的な研究としては，Martin Reimann, Oliver Schilke,
& Jacquelyn S. Thomas（2010）らの論文が挙げられる。Reimann らは，本
国から離れた海外市場においては何よりも戦略の効率性が求められ，そのた
めには収益性の高いCRMプラットフォームを構築する事が重要であると説い
ている。また彼らは，海外市場で活動する企業自身が，それぞれの市場カテ
ゴリーの同質性の度合いをいかに正確に評価し得るかが成功のカギであると
も述べている。

　「リレーションシップマーケティング」を実践するためには，メーカー自
らが，消費者接点となる販路の構築やコミュニケーション戦略の主導権を持
つ必要がある。しかしながら，旧来のマスメディアへの依存度がまだまだ高
い東南アジアの市場において参入メーカーが自ら消費者接点を数多く創り出
すには，多大なコストが必要となり，これら戦略の実現性には疑問符がつく。
また，これらの研究は，既存の市場においていかに従来のマーケティング競
争を継続し得るかという視点から考察されており，グローバルな同質化市場
において高い差別性を発揮出来るかは未知数である。

【先行研究（2）「バリュー発想」に基づく「独自価値」の創出】

　次に，同じ海外における同質化市場への対応に関する研究から，従来のマ
ーケティングの考察枠組みから離れたより差別性が高い参入戦略を幾つか見
ていきたい。その1つが，「バリュー（価値）発想」に基づく「独自価値」の
創出戦略である。同質化した参入市場をバリュー（価値）の視点から再検討
し，差別性が極めて高い「独自価値」を市場に提供する事で新たな需要を創
出しようとする戦略である。

　Renee B. Kim（2010）はカナダ産食肉製品の日本における市場開拓をケー
スとして取り上げた。カナダのMaple Leaf Food社（MLF社）は，同質化し

た日本の豚肉市場において，高級レンジの全く新しい商品を創る事より，差別化と収益性を同時に実現する事に成功した。さらに，Paul Matthyssens, Koen Vandenbempt, & Liselore Berghman（2008）は，機能性食品のメーカーが，海外市場を含む同質化市場において製品の価値革新を行い，新製品の創出により需要を形成していく過程を明らかにした。

　これらは，どちらも「バリュー（価値）発想」に基づく「独自価値」の創出戦略と見なす事が出来る。しかしながら，これら研究における「独自価値」は，あくまで「新製品」として市場化されているに過ぎず，「新市場カテゴリー」の形成を想定しているわけではない。グローバルな同質化市場でより高い差別性を実現するためには，「独自価値」に基づく，「新市場カテゴリー」の形成が不可欠なのである。

【先行研究（3）「独自価値」に基づく「新市場カテゴリーの創出」】

　バリュー（価値）視点から同質化市場を分析し，高い差別性を獲得するためには，「独自価値」に基づいて「新製品」を開発し，さらにその「独自価値」を新しい「市場カテゴリー」にまで成長させる必要がある。そうした視点から高く評価され得るのが，恩蔵（2007）による“コモディティ化（commoditization）への対応に関する研究である[1]。

　恩蔵の業績は，「独自価値」による「新市場カテゴリー」の創出という概念をクローズアップし，新旧カテゴリー間の差別性を際立たせる事により“同質化市場への参入戦略”を確立させた事である。特に，近年における新規サービス業態や新製品カテゴリーの成功を，同戦略に基づき理論化した功績は大きい。

　本書においては，恩蔵（2007）が示す戦略スキームにならい，「独自価値」を核とした「新市場カテゴリー」の創出を同質化市場参入のための戦略的な考察枠組みとして提案する（図表2-1参照）。

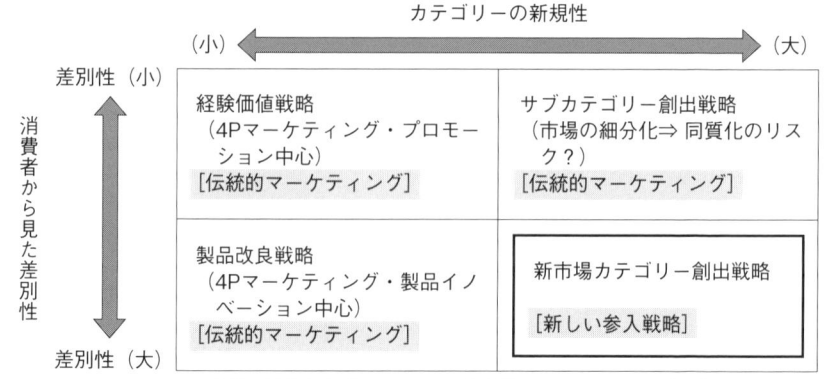

図表2-1　恩蔵（2007）における同質化市場参入戦略

出所：恩蔵直人『コモディティ化市場のマーケティング論理』2007に加筆。

【先行研究（4）　参入市場における「バリューチェーン」の形成】

　上記（1）のグローバル市場におけるリレーションシップの研究は，コスト面において実現性に留保がつく。しかしながら，各流通機能の活動に注目している点において，流通戦略構築への手掛かりにはなり得よう。また，次の（2）（3）で紹介した「バリュー（価値）発想」を踏まえ，「独自価値」から「新市場カテゴリー」を創出する戦略は，あくまでメーカーとしての製品ないしはカテゴリー自体の開発の問題に終始しており，市場参入のためのメーカーと各流通機能の結び付き（あるいは販路構築）については触れていない。いずれも極めて有用な知見を示してはいるが，海外の同質化市場に参入するための考察枠組みを構築するには，それらだけでは不十分と思われる。

　日本のメーカーが，海を隔てた（同質化）市場で「独自価値」を実現し，それを「新市場カテゴリー」として成長させ，収益を獲得するには，現地市場における流通戦略の構築が不可欠である。そこで最後に，流通戦略構築のためのフレームワークを探索するために，参入国市場における「バリューチェーン」の形成，ならびにそれをプラットフォームとした「新市場カテゴリー」の構築に関する先行研究を見ていきたい。初めに，「バリューチェーン」構築

に関する先行研究から見ていく。

「バリュー・チェーン」(value chain) という言葉をグローバルな競争戦略上の概念として初めて用いたのが，Michael Porter である。Porter（1985）は，この概念を，メーカーが調達・製造・出荷物流・販売・サービスと段階を追って価値を連鎖させていく過程としてとらえた。それぞれの流通機能が価値（バリュー）を付加させていく事により，メーカー単体ではなく，流通全体が1つのチームとして最終消費価値を創出する。そして，各段階の流通機能がチームの全体最適化を目指して行動する事により，コストと差別性を両立させた消費価値が形成されるのである。

Porter（1985）の競争戦略における「バリューチェーン」は，もちろんグローバルな同質化市場に対しても有用な知見を提供し得る。そして，その目的は，流通機能を効率的に結合させる事により，優位性の高い価値連鎖を創り出す事にある。しかし一方で，「バリューチェーン」に参加する各流通機能間の関係（"協調関係"やその逆の"コンフリクト（争い）"）については全く触れられていない。

次に，「バリューチェーン」に関する高橋輝男（2005）の論考についても触れておきたい。高橋（2005）は，工学的な立場から，「バリューチェーン」における生産システムについて研究を行った[2]。そして，「バリューチェーン」としての優位性確保のみならず，それがシステムとして成長していくためには，"全体調和に向けた各流通機能の協調"が不可欠である事を明示した。「バリューチェーン」の理論を流通戦略構築に用いるためには，これまでの先行研究には見られない"各流通機能の結び付き"（"協調関係"や"コンフリクト"）についてもしっかり考察しなりればならない。

本書においては，上記，先行研究（3）における恩蔵（2007）の知見に加え，この高橋（2005）の論考が示す「バリューチェーン」における"各流通機能の結び付き"ついても，ケースを示しつつ論考を進めたい。

2 ●トレーディング発想とバリュー発想

本書において新たに提案する海外市場参入に際しての考察枠組みとは,「バリュー（価値）発想」という従来の「トレーディング（取引）発想」とは対照的な戦略構築上の考え方である。

「トレーディング発想」とは,"製品を売るために,まずは販路探しから始める"という旧来のトレーディング（trading）のスタイルに固執した発想である。確かに,現地の有力インポーターや大手ディストリビューターと契約を結び,販路を構築する事は極めて重要である。しかし筆者がこれまでヒアリングを行った限り,戦略立案の初期段階から現地販路開拓のみに固執する事は,流通におけるプレイヤー間のエゴのぶつけ合いを生むばかりで,参入戦略全体の考案にとっては,むしろ大きなマイナスにしかならない。インポーターやディストリビューターを無視すべきという事ではない。彼らをして「製品を売らせる」という発想ではなく,彼らと一緒に"価値（バリュー）を創る"というスタンスこそが,海外市場への参入戦略構築には非常に重要なのである。

自社の持つバリュー（価値）を現地市場でどう実現するかを考え抜く。こうした発想を筆者は,「トレーディング発想」に対して,「バリュー発想」と呼んでいる。このように書くと,抽象論あるいは理想論に過ぎないという批判を受けるかもしれない。しかしながら,実際,幾つかの企業は,"自社の所有する価値を現地市場でどう実現するか"を中心テーマに据えて,海外市場参入に成功しているのである（成功企業の事例については後述する）。「トレーディング発想」においては,現地インポーターや現地ディストリビューターは,単なる"販売者"に過ぎない。しかしながら,"バリュー発想"における彼らは,"価値実現の協力者"であり,"価値がもたらす利益をシェアする仲間"であり,そして何よりも,"現地において最もよく価値を理解する人"なのである（図表2-2参照）。

進出メーカーがこのような考え方を持つ事により,初めて海外市場参入のための強力なチームが形創られる事になる。

図表2-2 トレーディング発想 vs. バリュー発想

	中心テーマ	活動主体	取引相手	利益
トレーディング発想	製品の販路開拓のみ	進出メーカー	販売者（購入者）	獲得する
バリュー発想	現地市場における価値の実現	価値実現のためのチーム	価値実現の協力者	チームでシェアする

出所：筆者作成。

3 ● 流通戦略構築のための独自価値

　本書では，現地パートナーを単なる販路提供者と見なす「トレーディング発想」に対して，現地パートナーを独自価値創出のための協力者とする考え方を「バリュー発想」と呼ぶ。成熟しつつある東南アジア市場で収益を上げるためには，後者の「バリュー発想」に基づき流通戦略パターンを立案しなければならない。

　次に，参入戦略策定のための2つ目の「考察枠組み」として，参入企業の持つ「独自価値」について考えてみたい。

　企業にとって，事業価値の源泉とは，いうまでもなく製品そのものである。製品が持つ便益（ベネフィット：benefit）が消費者欲求（ニーズ：needs）に適応した時，そこに価値が生まれる。"ビールの味がするがカロリーはゼロである"という便益は，"ビールを飲みたいが太りたくない"というニーズに適応する。こうした製品の便益から価値が生まれるという考え方は，マーケティングの基礎を学んだ人なら誰もが知っている市場適応の基本である。しかしながら，すでに述べたように，同質化しつつある東南アジア市場においては，こうした教科書通りのニーズ充足だけで収益を上げる事はもはや困難である。地場財閥・外資といった流通支配力のある競合プレイヤーの間では，いかに独自性ある価値を創出出来るかが成否の分かれ目になると思われる。

　それでは，東南アジア進出企業は，自社事業の独自価値をどのように把握

すべきであろうか。筆者は進出企業が自社事業の独自価値を見極める際のポイントは以下の２点であると考えている。以下，順番に見ていきたい。

1．製品が明確な技術的差別性（technological differentiation）を有する事
2．技術的差別性が（進出国市場ごとに）相対性を持つ事

　製品は，進出先市場にある競合製品に対して明確な差別性を持たなければならない。すなわち，品質，デザイン，パッケージなどの製品要素における差異がそれに該当する。その中で，最も明確な差異を生み出し得るものが，製品の技術的要素である。しかし，製品における技術的差別性の問題は，極めて常識的なテーマであるがゆえに，進出企業の経営者は今さらこれを深く考えようとはしない。例えば，自社の持つ技術が進出先市場において高い独創性を有しているにも関わらず，それに気が付かず，参入チャンスを逃している企業がしばしば見受けられる。東南アジア進出を目論む企業は，効果的な独自価値創出のために，当該企業が所有する様々な種類の技術的差別性の"棚卸"（あるいは総点検）を行う事を考えねばならない。

写真2-1　ジャカルタのセブンイレブンに並ぶ「サリ・ロティ」の食パン

2013年，筆者撮影。

さらに，上記事例とも関連するが，地域市場の集合体である東南アジア市場においては，進出企業が持つ独自技術は必ずしもグローバル・レベルのトップにある必要はない。"絶対的"差別性は必要なく，あくまで当該市場において差別性を発揮し得るだけの"相対的"差別性を有していれば良いのである。敷島製パン（日本でのブランド名はPasco，インドネシアでのブランド名はSari-Roti:サリ・ロティ）は，今やインドネシアの食パン市場でシェアNo.1のトップブランドである。一般に，食パンメーカーが有する製造技術は極めて高いレベルにはあるが，グローバル・レベルにおいて著しく先進的なものではない。しかし，敷島製パンが1995年に進出する以前のインドネシアには，工場において高品質の食感の良い食パン（ホワイトブレッド）を大量に生産する技術は存在していなかった。敷島製パンは，自社の技術的差別性をいかんなる発揮出来る市場をインドネシアに見つけ，そこで独自価値を創出する事により，大きな成功を収めたのである。技術的差別性において相対性を重んじるもう1つの理由がオーバースペックの問題である。一般に，技術水準が高くない市場においてグローバル・レベルの製品を創ろうとすれば，開発・製造コストは否応なく上昇する。進出市場の技術水準をしっかり見極め，適切なコストで，競争に勝つための技術的差別性を獲得しなければならないのである。[3]

4●流通戦略構築のための４つのセオリー

最後に，前節までの「考察枠組み」を踏まえつつ，東南アジア市場参入に向けた流通戦略構築のセオリーについて検討してみたい。

一般的に，マーケティング上の仮説は，先行理論や具体的ケースの検証を通して得られる複数のセオリーを組み合わせる事により創られる。すなわち，流通戦略を構築するためのセオリーとは，流通プロセスを通して企業が収益を得るための仮説構築の要素と見なす事が出来る。筆者は，様々な具体的事例や先行研究者の理論を勘案しつつ，東南アジア市場参入に向けた流通戦略

仮説を構築するための4つのセオリーについて検討する。次の4つがそれら
セオリーである。

セオリー1：「参入カテゴリー」と「参入基本戦略」の選択
セオリー2：「製品化手法」の選択
セオリー3：「バリューチェーン」の構築
セオリー4：バリューチェーン構築に向けた「現地ディストリビューター」
　　　　　の活用

　これら4つのセオリーは，一見すると，あらゆるグローバルなマーケティ
ングに共通する原則であるかのように思われがちである。実際，自社が優位
性を発揮出来る製品カテゴリーを選んだり，信頼するに足る適切なディスト
リビューターを見つけたりする事は，東南アジア市場以外の地域市場（例え
ば，成熟した米国市場や欧州市場）に参入する場合においても不可欠である。
にもかかわらず，あえて東南アジア市場参入のセオリーとしてこれら4つを
選び出したのは，以下のような理由による。
　本書の初めにおいて明らかにした通り，東南アジアの市場は，同質化した
先行アジア市場と成長過程にある後行アジア市場に大別される。他のアジア
諸国に先んじて発展した先行アジア市場は，消費市場の成熟化が過渡期を迎
えた市場である。これに対して後行アジア市場においては，未だ同質化が十分
に進展せず，中小を含めた多くのプレイヤーがシェア争いにしのぎを削って
いる。東南アジア市場の特徴は，こうした発展段階ないしは競争状況の異な
る地域市場が地理的に近接しながら併存している事である。参入企業は，こ
れらタイプの異なる市場に対し，少ないコストで戦略を的確に使い分けなけ
ればならない。例えば，タイのバンコクを地域拠点として周辺国にアプロー
チする場合，参入企業は先行アジア市場であるタイ国内市場に対する参入戦
略と後行アジア市場に属する隣接国ミャンマーに対する参入戦略を限られた
コストの中で使い分けなければならない。こうした場合に用いられる戦略セ

オリーは，限定的で（数が少なく），シンプルで（わかり易く），かつタイプが異なる地域市場に対して高い汎用性を持っている事が求められる。ここでセオリーの汎用性というのは，発展段階の異なる市場に対して"使い分けが効く"という意味である。多大なコストを要する海外市場でのマーケティングにおいて，より効率的に市場参入を果たすためには，少ない"手数"を的確に使い分けなければならない。

　こうした理由を踏まえて導き出されたのが，上述の4つのセオリーなのである。これら4つのセオリーの1つ1つが2つ以上の戦略上の選択肢を有しており，参入企業は対象市場の様態（成熟市場か？　成長市場か？）に応じて，それを容易に選び出す事になる。特に，セオリー1「製品戦略」，セオリー2「製品化手法」については，対照的な2つの戦略上の選択肢よりいずれかを選ぶ事が可能である。さらに，これらのセオリーは，それらを相互に組み合わせる事により，より細かな対象市場の相違にも対応し得る。

　次章以降においては，本章における「考察枠組み」に基づき，流通戦略構築の主要要素であるこれら4つのセオリーについて詳述する。そして，それらを踏まえ，ベストプラクティスとしての流通戦略を提案する。最後に，ケース（現地調査）を踏まえてその有効性を検討したい。

■注

1　恩蔵（2007）に基づく。
2　高橋（2005）を参考にした。
3　敷島製パンのケースについては，本書第8章の中で詳述する。

■参考文献

・Martin Reimann, Oliver Schilke, and Jacquelyn S. Thomas, "Customer relationship management and firm performance: The mediating role of business strategy" *Journal of the Academy of Marketing Science*, Vol. 38, June 2010.
・M. E. Porter, *The Competitive Advantage: Creating and Sustaining Superior Performance*,

Free Press, 1998.

・Paul Matthyssens, Koen Vandenbempt, and Liselore Berghman, "Value innovation in the functional foods industry: Deviations from the industry recipe," *British Food Journal,* Vol.110, 2008.

・Renee B. Kim, "Value Innovation in Export Marketing Strategy: The Case of a Canadian Firm in Japan, " *Journal of Food Products Marketing,* Vol.16, 2010.

・恩蔵直人『コモディティ化市場のマーケティング論理』有斐閣，2007。

・川端基男「フランチャイズ方式での海外進出：統治の視点から見た分析フレームの提起」『流通研究』，11巻2号，2008年。

・高橋輝男『バリューチェーン進化論』流通研究社，2005。

第3章

参入カテゴリーと参入基本戦略の選択

1 ● 参入カテゴリーの選択

【東南アジア市場参入に向けた流通戦略構築のための４つのセオリー】

セオリー１：「参入カテゴリー」と「参入基本戦略」の選択

セオリー２：「製品化手法」の選択

セオリー３：「バリューチェーン」の構築

セオリー４：バリューチェーン構築に向けた「現地ディストリビューター」
　　　　　　　の活用

　東南アジア市場参入に向けた流通戦略構築のための１つ目のセオリーは，
「参入カテゴリーおよび参入基本戦略の選択」である。カテゴリーの選択
は次のような手順で行われる。まず，参入企業にとっての外的環境である
市場「同質性」と内的環境である「技術的差別性」（独自価値の根源）の２
つの視点から，東南アジア市場参入のためのカテゴリー・ポジション（後
述する６つのカテゴリー・ポジション）を作成する。それぞれのカテゴリ
ー・ポジションには，最適な参入戦略があらかじめ準備される（各カテゴリ
ー・ポジションにそれぞれ１つの参入戦略が当てはまる）。次に，実際に自
社の参入事業がどのカテゴリー・ポジションに当てはまるかを決定する。こ
うして該当するカテゴリー・ポジションが決まれば，自動的にそれに最も相

応しい参入戦略が選び出されるのである。すなわち，セオリー1「参入カテゴリーおよび参入基本戦略の選択」とは，単に市場を選び出すだけではなく，参入戦略全体の方向性を描き出す事なのである。その意味で，セオリー1は，4つの東南アジア市場参入セオリーの中で最も重要なものであるといっても過言ではない。

　以下，これら2つの軸について順に検討し，参入戦略の方向性を決めるための6つのカテゴリー・ポジションについて考えてみよう。

【参入カテゴリー選択のためのポジショニング軸】

1. ［縦軸］市場発展度合いに基づく東南アジア市場の類型化（参入企業の外部環境による）
2. ［横軸］技術の相対的差別性の有無（参入企業の内部環境による）

　1.については，すでに本書冒頭において繰り返し述べたので，ここでは簡単に説明するに留める。我々は東南アジア市場をその市場発展度合いにより，先行アジアと後行アジア市場に分けた。先行アジア諸国においては，カテゴリーの同質化（commoditization）が進み，市場は狭隘化し，参入企業はマーケティング活動に多大なコストを費やさざるを得ない。これに対し，依然成長過程にある後行アジア市場においては，多くのカテゴリーが未だ同質化を迎えておらず（未同質化），従来型のマーケティング活動が実を結ぶチャンスが多い。しかしマクロ経済そのものは先行アジア市場に比すれば未だ小規模となる。今回は，より詳細な全体戦略を構築するために，上記2つの市場タイプ（先行アジア市場・後行アジア市場）に，この十数年内に消費市場が立ち上がったばかりの「導入期アジア市場」（あるいは，スタートアップアジア市場）を新たに付け加えるものとする。

　次に，2.相対的な技術的差別性（technological differentiation）について考えたい。技術的差別性についても，すでに，流通戦略構築のための考察枠組みの中で詳述した。地域市場の集合体である東南アジア市場においては，参

入企業が持つ独自技術は必ずしもグローバル・レベルのトップにある必要はない。絶対的差別性は必要なく，あくまで当該市場において差別性を発揮し得るだけの相対的差別性を有していれば良い。もう1つ，現地開発・生産におけるオーバースペックの回避という意味からも，技術の相対的差別性は重要になる。一般に，技術水準が高くない地域市場においてグローバル・レベルの製品を創ろうとすれば，開発・製造コストは否応なく上昇する。進出市場の技術水準をしっかり見極め，適切なコストで，競争に勝つための技術的差別性を獲得しなければならない。前述の同質化を軸とした市場分類を参入企業の外的環境とするならば，企業が持つ（相対的な）技術的差別性はいわば内的環境と呼ぶ事が出来る。

　以上，発展度合いによる市場類型化［縦軸］と相対的技術差別性の有無［横軸］により作成した6つのカテゴリー・ポジションを図示したものが図表3-1である。

　Aはadvance（進歩，向上等）を意味し，Bはbehind（遅れ），Sはstart-up（始動，企業等）を表す。それぞれ，技術的差別性（相対的な）が認められる事業には2，認められない事業には1の番号が振られる。このようなマトリクスを創る事で，6つのカテゴリー・ポジションが形成される。本稿冒頭で述べたように，参入事業が上記ポジションのいずれに該当するかによっ

図表3-1　参入カテゴリー選択のための6つのポジショニング

	技術的差別性なし （相対的差別性）	技術的差別性あり （相対的差別性）
先行アジア市場 （同質化カテゴリー多い）	A－1	A－2
後行アジア市場 （成長カテゴリー多い）	B－1	B－2
導入期アジア市場 （スタートアップカテゴリー多い）	S－1	S－2

出所：筆者作成。

て，参入成功の可能性およびそこで用いられる参入戦略は異なってくる。従来型の伝統的マーケティング手法が用いられ得る場合もあるし，従来のマーケティング手法では対応し得ないポジションもある。

2 ●カテゴリー選択と伝統的マーケティング

　海外市場への参入に際し，企業は競争優位性の高いカテゴリー・ポジションを選択し，同時にそれに合った適切な参入戦略を決定しなければならない。これまで，海外市場参入のための戦略は，伝統的なマーケティングの考え方にのっとって行われて来た。参入企業は，海外市場を地理的・社会的・文化的その他の差異に基づき細分化し，そこにマーケティング・ミックス（製品，価格，販路，プロモーション）を投入する事により市場参入を図って来た。こうした伝統的マーケティングの方法は，後述するように，ある一定の条件下では極めて有効である。しかし，これまで見てきたように，同質化カテゴリーが急速に増加しつつある今日の東南アジア市場においては，伝統的マーケティングだけで優位性を発揮する事は難しい。伝統的マーケティングだけで優位性を発揮出来ないのであれば，参入企業は収益獲得のための新たな参入戦略を実行に移さなければならない。

　こうした視点から参入戦略を見ていくと，それぞれのカテゴリー・ポジションに対応し得る参入戦略は，大きく3つのタイプに分類される。「プロモーション（広告）戦略」「製品イノベーション戦略」「新カテゴリー創出戦略」の3つがそれである。これらのうち，「プロモーション（広告・宣伝）戦略」「製品イノベーション戦略」は上述の伝統的マーケティングに属し，「新市場カテゴリー創出戦略」はこれまでの伝統的マーケティングとは異なる新しい参入戦略と見なす事が出来る（図表3-2参照）。

　伝統的マーケティングによる市場参入は，「導入期アジア市場」や「後行アジア市場」において有効である。例えば，典型的な伝統的マーケティングであるプロモーション戦略はあらゆるタイプのカテゴリーにおいて用いられ

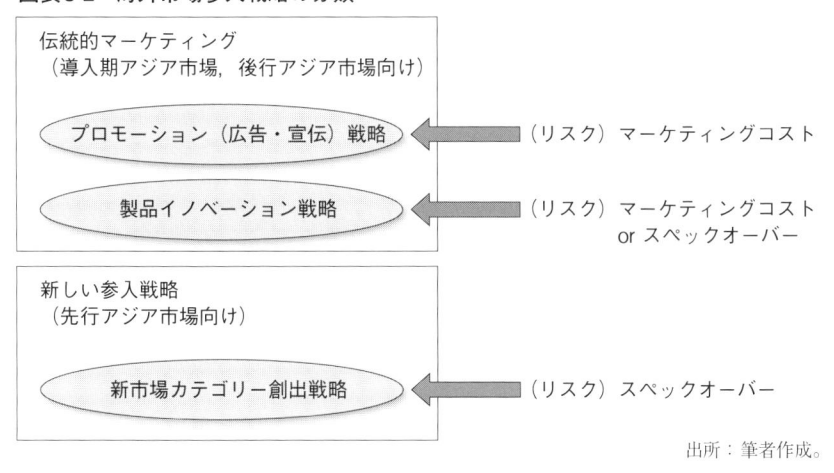

図表3-2　海外市場参入戦略の分類

伝統的マーケティング
（導入期アジア市場，後行アジア市場向け）

プロモーション（広告・宣伝）戦略　← （リスク）マーケティングコスト

製品イノベーション戦略　← （リスク）マーケティングコスト or スペックオーバー

新しい参入戦略
（先行アジア市場向け）

新市場カテゴリー創出戦略　← （リスク）スペックオーバー

出所：筆者作成。

るが，同質化が進む「先行アジア市場」において広告・宣伝といったプロモーションコストを費やす事は，優位性の点から極めてリスキーである。また，同戦略は成長途上にある「後行アジア市場」においてもその効果を期待出来るが，成長期のブランド認知競争下では多くの企業がマス広告や各種販促手法を多用するので，一定の認知を獲得するためにはより多くのプロモーションコストを費やさざるを得ない。こう考えると，プロモーション戦略がもっとも"費用対効果"を発揮し得るのは，スタートアップのカテゴリーが数多く存在し，競合プレイヤーの数が限定されている「導入期アジア市場」においてであると考えられる。

　次に，同じ伝統的マーケティングに属する製品イノベーション戦略であるが，これは製品の機能，品質，デザインを向上させる事により差別化を図ろうとする戦略である。この戦略は，製品製造ラインや調達先の変更をともなうプロダクト戦略であり，プロモーション戦略よりもさらにマーケティングコスト負担が大きい。従って，競争優位性の視点から見れば，やはり同質化している「先行アジア市場」には不向きな戦略である。反対に，もし的確な技術的優位性を打ち出せるのであれば，未だ成長過程にある「導入期アジア

市場」や「後行アジア市場」においては十分に効果的な戦略であると考えられる。一方で，この戦略のリスクとしては，"スペックオーバー"の問題が挙げられる。「導入期アジア市場」や「後行アジア市場」であっても，同質化競争が進展し価格が下方硬直的になっていく状況下で製品イノベーション（品質，機能，デザイン改良による差別化）を繰り返す事は非常にリスキーである。これまで東南アジア市場を含めた海外市場における日本企業の優位性は，Q（quality），C（cost），D（delivery），すなわち品質，費用，納期のバランスによるものとされて来た。今日，東南アジアの成長市場が同質化を迎えても，やはりQ,C,Dのコントロールは重要課題であり続けると思われる[1]。

　以上の通り，「導入期アジア市場」「後行アジア市場」に属するカテゴリー・ポジションに対しては，伝統的マーケティングとしてのプロモーション戦略，製品イノベーション戦略を採用する事が妥当である。しかしながら，優位性を確保するためには，マーケティングの費用対効果（ROI：return on investment）やプロダクト戦略におけるスペックオーバーの問題に常に注意を払わなければならない。

3 ●カテゴリー選択と新しい参入戦略

　スタートアップカテゴリーが多い「導入期アジア市場」や成長カテゴリーが中心の「後行アジア市場」においては，従来型の"伝統的マーケティング"が今なお有効である。しかしそれら成長途上の市場においても，競合プレイヤー数が次第に増加すれば，マーケティングコストは否応なく上昇し，マーケティング活動の費用対効果は悪化の一途を辿る。

　次に，インドネシアやタイに代表される，同質化カテゴリーが多い「先行アジア市場」について考えてみたい。同質化カテゴリーへの参入については，従来の"伝統的マーケティング"とは異なる視点から発想された"新しい参入戦略"が不可欠となる。昨今，東南アジア市場や欧米市場のみならず，日本国内の市場においても，従来のマーケティング理論からは一線を画した新

図表3-3　伝統的マーケティングと新たな参入戦略

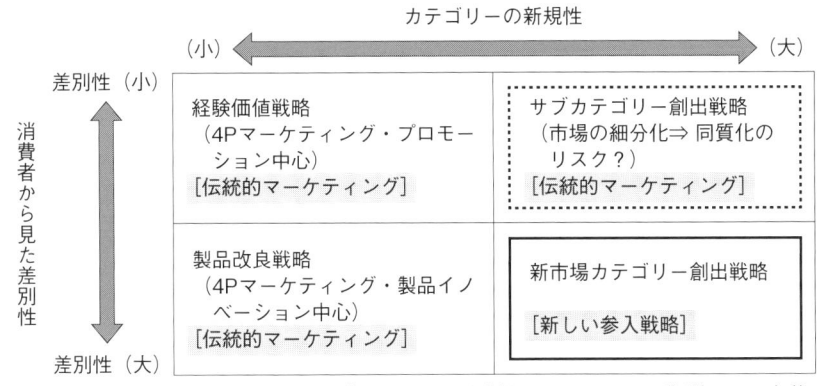

出所：恩蔵直人『コモディティ化市場のマーケティング論理』2007に加筆。

しい需要創出の方略が注目されている。いずれの場合も，経済のグローバル化や技術水準の高レベル平準化による市場同質化が背景にある事はいうまでもない。

　「新市場カテゴリー創出戦略」のような新しい参入戦略と従来型の伝統的マーケティングの相違は，理論上，図表3-3のようなマトリクスで説明する事が出来る[2]。

　マトリクスの横軸は"製品カテゴリーの新規性"であり，縦軸は"知覚される製品の差別性"である。横軸が示す製品カテゴリー新規性の大小，縦軸が示す差別性の大小により，戦略マトリクスは４つに分類される。マトリクス左側には伝統的マーケティングである4P［product（製品）・price（価格）・place（流通）・promotion（プロモーション）］マーケティングが当てはまる。マトリクス左上の「経験価値戦略」は様々なプロモーション活動を用いる参入戦略であるが，一般的にプロモーション活動がもたらす製品差別性には限界がある。これに対し，左下の「製品イノベーション戦略」は製品そのものの機能・品質・デザイン・パッケージなどに改変を加えるという戦略であり，これによりもたらされる差別性はプロモーションに比べると大きい。伝統的マーケティングに分類されるこれら２つの参入戦略は，あくまでも4Pマーケ

ティング（上記4つのマーケティング要素の組み合わせ）によって実施されるものであり，新たな製品カテゴリーを創出するものではない。

　一方，マトリクス右側に位置するのが，製品カテゴリーの変更や創出を中心とした参入戦略である。製品が所属するカテゴリー自体を動かすのであるから，伝統的マーケティングに比するとカテゴリーの新規性は極めて大きくなる。マトリクス右上の「サブカテゴリー創出戦略」は，従来の製品カテゴリーから派生的な新カテゴリーを生成するというもので，多くの場合，既存市場の細分化をともなう。この戦略は，既存市場を細分化し，それに適応したサブカテゴリーを創り出すという意味において，従来からの伝統的な4Pマーケティングと何ら変わるところがない。従って，実際は，「サブカテゴリー創出戦略」は伝統的マーケティングの範疇に属すると考えられる。

　この「サブカテゴリー創出戦略」に関してよく引き合いに出されるのが，"歯磨き粉"の事例である。仮に，既存の歯磨き粉市場（歯磨き粉という製品カテゴリー）が成熟期を迎え同質化したとする。メーカーは既存市場を細分化し，"美白効果""虫歯予防""歯ぐき保護""口臭除去"といった新たな細分化市場（派生的なサブカテゴリー）を創り出す。その結果，例えば，"虫歯予防"というサブカテゴリーにおいてヒット商品が生まれ，多くの競合企業が参入する。こうしてサブカテゴリーにおける再度の同質化に直面した当該メーカーは，"虫歯予防"（サブ）カテゴリーをさらに細分化し，もう一度新たなサブカテゴリーを創出しようとする。この状態はいうまでもなく，筆者が以前に述べた「際限のない同質化」あるいは「同質化の地獄」（commodity hell）と呼ばれるものに他ならない。その意味でも，既存市場の細分化という従来の「伝統的マーケティング」の考え方に依拠した「サブカテゴリー創出戦略」は，レコメンダブルな参入戦略とはいい難いのである。[3]

4 ●新市場カテゴリー創出戦略

　消費者から見た技術的差別性が大きく，かつ独自性の高いカテゴリーを新たに創り出そうとする戦略が「新市場カテゴリー創出戦略」である。すでに，本章第1節において，市場の発展度合い（同質化の程度），技術的差別性のあるなしに基づき6つのカテゴリー・ポジションを示したが，その中のA-2のカテゴリー・ポジションにおいて用いられるのが「新市場カテゴリー創出戦略」である。いい換えれば，この戦略を実施するためには，外部環境条件としての市場「同質化」，内部環境条件としての「技術的差別性」が不可欠となる。インドネシア，マレーシア，タイといった同質化カテゴリーの多い東南アジア先行市場に新規参入するためには，自社の持つ技術的差別性に基づく「新市場カテゴリー創出戦略」が有効なのである。

　では，こうした「新市場カテゴリー創出戦略」が市場にいかなる価値をもたらし得るのか改めて考えてみたい。この戦略がもたらす価値は，実質的価値としての「技術的差別性」と感覚的価値としての「先行性イメージ」に分けられる。「技術的差別性」は消費者に対して，高機能や高品質といった製品に関わる具体的便益を付与する。一方，「先行性イメージ」は消費者に対して，目新しさや希少性といった感情的便益を提供する。これまで見てきたように，「技術的差別性」は「新市場カテゴリー創出戦略」を選択する際の要件であり，本論において折に触れて説明してきた。ここでは，感情的価値である「先行性イメージ」について考察してみたい[4]。

　一般に，製品イメージというものは幾つかの異なるイメージから形成される。すなわち，ブランド・イメージや品質イメージなど複数のイメージの集合体が製品イメージという事が出来る。さらに，これら様々なイメージの中で最も持続性が高いものが，「先行性イメージ」である。他に先駆けて開発・生産・販売された先駆者的な製品がある場合，その後市場が成熟化・同質化したとしても，あるいは強力なチャレンジャー製品が現れた場合においても，市場に一番乗りを果たした先駆者的製品の「先行性イメージ」は崩れない。一

度消費者の記憶に残った「先行性イメージ」は，その後長きにわたり，購買ドライバーとしての役割を果たすのである。新製品開発により新市場カテゴリーを創出した企業は，その後長きにわたり「先行性イメージ」の恩恵を享受する事が可能となる。

　グローバルPC市場の成熟化と同質化に直面したアップル社（Apple Inc.）は，市場細分化によるPC製品（マッキントッシュ）の改良という従来型のマーケティングに加え，2010年にiPad（タブレット型コンピュータ）を新たに市場に投入した。この新しいタイプの情報端末は「タブレット市場」という新市場カテゴリーを形成し，その結果，アップル社の年間売上は2014年には約1,800億ドルを越え，同年度の純利益は395億ドルに達している。仮に同社が近視眼的発想で，従来型のマーケティング戦略に沿って，これまで通りPC（マッキントッシュ）市場における製品イノベーションのみに固執していたなら，同社のこのような成功は望み得なかったであろう。同社が「新市場カテゴリー創出戦略」により消費者にもたらした価値は，マルチタッチ操作や斬新なユーザーインターフェースといった「技術的差別性」とカテゴリーの「先行性イメージ」である。事実，その後，様々なタイプのタブレットが発売されたが，今なお，根強い「先行性イメージ」を保持し，売上を伸ばし続けているはアップル社のiPadに他ならない。

写真3-1　アップル社における新市場創出"アップルウォッチ"　© 2018 Apple Inc.

アップル社サイトより。

5 ●新市場カテゴリー創出の手法

　参入企業の「新市場カテゴリー創出戦略」により，消費者は技術的差別性に基づく具体的便益（品質・機能など）を享受する。同時に，これまでにない新たな製品カテゴリーに対し，当該企業やブランドに対する先行性イメージを抱く。

　では，こうした新市場カテゴリーを実際に創り出すための具体的な方法とはどのようなものであろうか？　従来の考え方に従えば，これまでのマーケティングは"既存標的市場の修正"あるいは"既存マーケティング手段（いわゆる製品・価格・流通・プロモーション等）の修正"あるいはその両方を同時に修正する事によって行われてきた。しかし，これまで指摘してきたように，同じ市場を際限なく細分化していくようなやり方，あるいは同一製品のイノベーションを長期間にわたり続けていくようなやり方は，同質化が進展していない競争市場においてのみ有効である。新市場カテゴリーの創出のためには，従来の標的市場やこれまでのマーケティング手法をいったん忘れ，白紙に近い状態から，新たな独自価値を創り出さなければならない。ここでいう先行性ある新市場カテゴリーの創出とは，すなわち他に類を見ない独自価値（バリュー）をゼロから創り出すという意味である。

　1990年代以降，グローバルレベルでの市場同質化を受けて，新しい市場価値を創り出すための幾つかの方法が提案された。それらの方法は，既存手段と既存標的の修正というスキームとは一線を画しているという意味において，もはや"マーケティング"とは呼べないものかもしれない。"マーケティング"というよりも，むしろ日本語で，"価値創出方法"と表現すべきものである。こうした"価値創出方法"の中で，最も著名なものとして，「ブルーオーシャン戦略」（Blue Ocean Strategy）がある。「ブルーオーシャン戦略」とは，一言でいえば，競争相手のいない全く新しいカテゴリーを創出し，先行者としてのメリットを享受するという戦略である（図表3-4参照）。この戦略を実行する事により，コストのかかる同質化市場での競争を回避しつつ収益を上

図表3-4　伝統的マーケティングとブルーオーシャン戦略

伝統的マーケティングとBlue Ocean Strategyの考え方の違い	
従来のマーケティング	ブルーオーシャン戦略
カテゴリーの中で勝負する	新しい独自カテゴリーを創る
他社を打ち負かす	競争を無意味なものにする
既存のニーズを探す	新しいニーズを創る
価値と価格はトレードオフ	価値を高めながらコストを下げる
マーケティング手段（4P）中心の戦略	企業全体の戦略

出所：W.Chan Kim and Renee Mauborgne, *Blue Ocean Stratedy*, Harvard Business School Publishing, 2005 に筆者加筆。

げる事が可能になる。従来，マーケティングを行おうとする企業は既存顧客の需要分析に多くの労力を割いてきた。「ブルーオーシャン戦略」を採用する企業は，これとは反対に，従来顧客ではなかった消費者（いわゆる非顧客層）の埋もれたニーズに注目する。「どうして買うのか」ではなく「なぜ，買ってくれないのか」を綿密に分析する事により，それまでになかった新しい市場価値ないしは独自カテゴリーを創出する事が可能となる。[6.7]

　とはいえ，「ブルーオーシャン戦略」が新市場カテゴリーを実際に創り出すための決定的方法かというと，残念ながらそうではない。「ブルーオーシャン戦略」は成熟市場においてカテゴリーが同質化した場合の "解" になり得るかもしれないが，それは唯一の解ではない。「ブルーオーシャン戦略」は，伝統的マーケティングに代わる新しい試みとして成功例を生み出した1つの方法というに過ぎない。前節で触れたアップル社（Apple Inc.）のiPadは，しばしば「ブルーオーシャン戦略」の成果であるかのように喧伝される。すなわち，同質化が進み消耗戦が激烈となったPC市場において，従来の方法にのっとり市場細分化を行うのではなく，PCのヘビーユーザーではない人々を対象に新市場カテゴリーを創出し成功したケースがiPadであるといわれてきた。しかしながら，もとよりiPadは，単一の定型的な理論や方法に基づいて創り

出されたされたものではない。それは，自由で柔軟なアイディアから生まれた企業の創造力の産物なのである。もちろん，「ブルーオーシャン戦略」に見られるような"競争回避型"のマインドセットが，アップル社の戦略的意思決定に影響を及ぼした可能性は，十分に考えられる。

6 ● カテゴリーを創出し得る市場とは何か

筆者が以前に小売店頭調査を行ったインドネシア食品市場[8]を例に，「新市場カテゴリー」の創出が可能な市場分野について考えてみたい。「技術的差別性」を核として，それを参入企業の独自価値として需要創出する事が可能な市場分野がそれに当たる。

図表3-5において，縦軸は欧米系ブランド（先述のグローバル・メガブランド・フランチャイズを含む）・地場系ブランドの区別，横軸は日系企業の技術的差別性発揮の可能性（可否）である。ここでいう技術的差別性とは，グローバル・スタンダードとしての絶対的差別性の事ではなく，日系食品メーカ

図表3-5　日本のメーカーがカテゴリーを創り得る市場分野（インドネシア食品市場の場合）

		技術的差別性が発揮出来ない市場	技術的差別性が発揮出来る市場
地場系ブランド中心		スナック菓子* 菓子* 缶詰 インスタント麺	冷凍食品 アイスクリーム パン 機能性飲料* 健康食品 調味料*
欧米系ブランド中心		スナック菓子* 菓子*	乳製品 ヨーグルト 機能性飲料* 調味料*

注：地場・外資系（欧米系）双方にまたがる市場カテゴリーは＊で示した。
出所：目黒良門「インドネシア・ベトナムの食品市場戦略ガイド」『日刊工業新聞』，2012。

ーとインドネシア食品市場における競合メーカーを比較した場合の相対的差別性の事である。基層的商品よりも，冷凍食品，アイスクリーム，健康食品，調味料といった比較的機能が重視される傾向にある市場分野において，日本企業が相対的差別性を発揮する可能性が高い（カテゴリー創出余地がある）事がわかる。

　本調査は，2012年に筆者がインドネシアの首都ジャカルタの複数のスーパーマーケットの売場において店頭調査した結果であり，調査としては多分に主観的なものである[9]。しかしながら，新市場カテゴリーを創出しようとする企業は，参入市場の観察をしっかり行い，さらに所有する技術の"棚卸"を細部に至るまで行う事により，差別性が発揮出来る市場カテゴリーを創出しなければならない。さらには，他企業の成功事例や失敗事例を注意深く観察しつつ，自由な発想で，幾つかのアイディアを実際に試していかなければならない。

7 ●自国内ブランド力を生かした販売戦略

　以上述べてきた「新市場カテゴリー創出戦略」の成功には，参入企業の持つ"相対的"な技術的差別性が重要な役割を果たす。いい換えれば，この参入基本戦略は，参入企業が自社の中に"相対的"な技術的差別性を発見する事で初めて実現可能となる戦略なのである。

　それでは，そのような技術的差別性を発見し得ない企業（図表3-6のA-1に属する企業）が，先行アジア市場に参入する事は全く不可能なのであろうか。

図表3-6　参入カテゴリー選択のためのポジショニング

	技術的差別性なし	技術的差別性あり
先行アジア市場 （同質化カテゴリー多い）	A－1	A－2 「新市場カテゴリー創出戦略」
後行アジア市場	B－1	B－2

出所：筆者作成。

それとも，技術的差別性を発見し得ない企業であっても，何か別の方法を用いる事により，成熟した先行アジア市場への参入が可能になるのであろうか。

　ここでは，技術的差別性を発見し得ない企業が先行アジア市場に参入するための戦略として，「自国内ブランド力を生かした仕掛け創り」を紹介したい。この戦略は，必ずしも差別性ある技術を必要とはしない。その代わりに必要となるのは，国内市場（日本国内の市場）における強いブランド力（"自国内ブランド力"）である。つまり，この戦略は，日本国内の消費者が抱くブランド価値をトリガー（きっかけ）として，他の成熟諸国の市場の中に独自カテゴリーを創出しようとする戦略である。この戦略を実行するための条件としては，自国内におけるブランド力の他に，参入先の現地市場におけるコア・ターゲットの存在が挙げられる。そして，コア・ターゲットの中でも特に大きな役割を担うのが，現地における日本人（駐在者，駐在者家族，日本人観光客など）と現地富裕層・アッパーミドル層である。

　では，"自国内ブランド力"はどのように需要創出に結び付くのであろうか。本参入戦略の最初のターゲットは，現地における日本人である。日本人であれば，本国（日本）における消費経験やプロモーション経験から，参入商品のブランド価値を認知している。もちろん，彼ら各々の現地市場における消費態度は様々である。駐在者であれば，本国と同じ生活（衣・食・住・娯楽・教育など）スタイルを維持したいという需要がある。また，日本人旅行者向けにはみやげ物という市場も存在する。幸いな事に，成熟した先行アジア諸国には，需要創出のトリガー（きっかけ）となり得る多数の日本人が居住しており，観光地は日本人観光客で溢れかえっている。現地日本人を最初のターゲットとして集中的にプロモーションを行う事により，当該ブランドに関する消費情報は現地日本人から現地市場へと浸透していく。日本ブランドに対する信頼や好感度が高い国の市場ほど，その傾向は強い。マイケル・ポーターは，十分にローカライズされていない海外製品や海外ブランドを容易に受容する現地消費者として，①富裕層もしくはアッパーミドル層，②情報感度・情報リテラシー能力が高い層，を挙げている。これら現地消費者が「自国

内ブランド力を生かした仕掛け創り」の第2のコア・ターゲットとなる。

　一般に，こうした現地日本人→現地富裕層・中間層起点の仕掛け創りは，文化的差異や嗜好の差異が反映し易い飲食業などサービス業に限定されると思われがちである。あるいは，現地の日本人居住者の数がその国の人口総数に比べて小さい国においては，（例えば，2013年におけるインドネシアの人口2.4億人に対して，在留邦人数は1.6万人）市場の伸びもさほど期待出来ないと見なされる傾向にある。[10] しかしながら，先行アジア諸国を含め，東南アジアの市場は大衆層が常にトレンドを形成する市場ではない。ポーターが指摘するように，消費情報は人口の数％にしか過ぎないトレンド形成層から大衆層に伝播する。マレーシアやインドネシアの都市部においては，生活スタイルの発信者はいうまでもなく消費情報を豊富に持つ華人系若年層である。

　現地日本人を起点とした独自カテゴリー創出は，日本国内においてすでに一定のブランドを確立した企業にとって，今後考慮に入れる価値のある戦略かと思われる。すでに，飲食以外の産業分野においても，同参入戦略を用いて成功したケースは増え続けている。

写真3-2　ジャカルに展開している日本のうどん店

「うどん」は，流行に敏感なジャカルタの若者に人気のファーストフードである。ジャカルタ中心部のショッピングモール（筆者撮影）。

図表3-7　自国内ブランド力を活用した仕掛け創り

> コア・ターゲットを設定したプロモーション（仕掛け）戦略

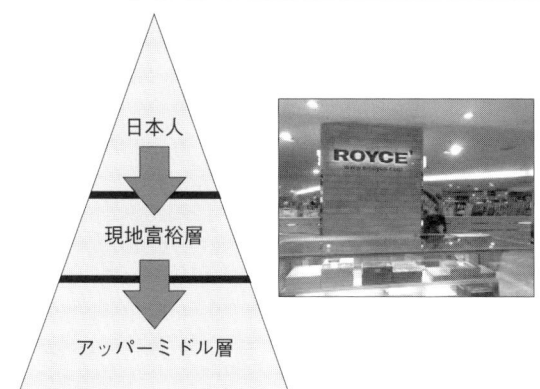

日本人

現地富裕層

アッパーミドル層

条件：現地日本人市場の大きさ
　　　（日本人観光客含む）

出所：筆者作成。

■注

1　国際競争力とQCDの関わりについては，安倍（2016）を参考にした。

2　恩蔵（2007）の論考に基づく。

3　同上。

4　グローバル市場において，消費者が差別化に成功した製品に抱く"先行者イメージ"については，Frank Alpert（1993）の知見を参考にした。

5　Appleのカテゴリー戦略については，小川（2013）の論考を参考にした。

6　本書におけるブルーオーシャン戦略に関する記述は，W.Chan Kim and Renee Mauborgne（2005）を踏まえている。

7　カテゴリー概念を用いた製品および市場の開発については，陰山・竹内（2016）に詳しい。

8　目黒（2012）における店頭調査に基づく。

9　同上。

10　平成29年5月31日発表外務省によるインドネシア在留邦人数調査集計に基づく。平成28年のインドネシアの在留邦人数は1万9,312人となり，平成27年の1万8,463人から849人の増加（約4.6％増）となった。

■ 参考文献 ────────────────────────

・E. Anderson and H. Coughlan, "International marketing entry and expansion via independent or integrated channels of distribution," *Journal of Marketing*, 1987.

・Frank Alpert "Consumer market beliefs and their managerial implications: An empirical examination, "*Journal of Consumer Marketing*, Vol.10, 1993.

・S. Agarwal and S. Ramaswami, "Choice of foreign market entry mode : Impact of ownership, location, and internalization factors, "*Journal of International Business Studies*, 1992.

・W.Chan Kim and Renee Mauborgne, *Blue Ocean Stratedy*, Harvard Business School Publishing, 2005.

・安倍悦生「QCDからQCFDへ―マーケティング力と国際競争優位についての小論―」 明治大学 『経営論集』 Vol.63, 2016。

・小川玉緒「家電メーカーがグローバルブランドになるために:カテゴリー・イノベーション ブランド・レレバンスモデルによる考察」関西学院大学 『経営戦略研究』 Vol.7, 2013。

・恩蔵直人『コモディティ化市場のマーケティング論理』 有斐閣, 2007。

・陰山孔貴・竹内竜介「脱カテゴリー製品の開発プロセス:お茶メーカー「ヘルシオお茶プレッソ」の事例研究」神戸大学 『国民経済雑誌』, 214 (1), 2016。

・目黒良門「インドネシア・ベトナムの食品市場戦略ガイド」『日刊工業新聞』, 2012。

第4章

流通戦略構築の要としての製品化手法

1 ● グローバル市場を巡る論争 フラット化市場論 vs. 多様化市場論

　本章において取り上げる東南アジア市場参入のためのセオリーは，下記4つのセオリーの2番目「製品化手法の選択」についてである。第2章，第3章で述べてきたように，自社が持つ技術的差別性を踏まえて同質化市場への参入戦略を構築する際に，技術的差別性を独自価値として具現化するための方法論である製品化は，流通戦略構築と密接な関わりを持つ重要テーマである。従って，本書において，製品化戦略と流通戦略（バリューチェーン構築戦略）は，共に海外市場参入に向けた「統合的マーケティング戦略」の一部分として取り扱われる。また，ここでいう「製品化手法」とは，生産プロセス論のような，いわゆる工学的な方法論を指しているのではない。ここで明らかにしたいのは，グローバル市場において効率的に収益を獲得するための製品化に関する基本的な考え方についてである。本章においては，グローバル市場研究においてしばしば議論となる製品化手法に関する2つの対照的な考え方について検討する。

【東南アジア市場参入に向けた流通戦略構築のための4つのセオリー】

セオリー1：「参入カテゴリー」と「参入基本戦略」の選択

セオリー2：「製品化手法」の選択

セオリー３：「バリューチェーン」の構築

セオリー４：バリューチェーン構築に向けた「現地ディストリビューター」
　　　　　　　の活用

　グローバルマーケティングとは，地理的多様性を持つグローバル市場にお
いて効率的な市場適応を行う事により収益を獲得しようとする企業活動である。
地理的多様性はグローバル市場においてのみ見られるわけではない。日本に
おいても，地理的な多様性は存在する。しかしながら，日本の場合は，例え
ば東南アジア諸国と比較した場合，地理的多様性にともなう文化的，社会的，
宗教的な地域間の差異は大きくはない。さらに今日，情報通信技術の進化に
ともない，市場変容のスピードが極めて速くなっている。企業は，製品化に
おいて，市場の地理的な多様性に対応するばかりでなく，時間的な変化にも
対応を迫られている。東南アジア市場に参入しようとする企業は，こうした
市場の"多様性と変化"を踏まえ，的確な「製品化手法」を選択しなければ
ならないのである[1]。

　さて，グローバルマーケティングの一般的な理論に基づけば，多様性を持つ
複数の市場に対してアプローチするための方法は２つある。その１つが，複
数の市場をまとめてとらえ，それに対して単一の製品化を行うという手法で
ある。２つ目が，市場ごとに別個の製品化を行うというやり方である。企業
は，グローバル市場に対する"考え方の相違"に基づき，上記いずれかの製
品化手法を選択する事になる。では，グローバル市場に対する「考え方の相
違」とは，どのようなものだろうか。

　マイケル・ポーター（M.Porter）[2]を筆頭とする米国のグローバル経営戦略
研究の１グループは，"多種多様なグローバル市場は，フラットな（平準化さ
れた）ものとしてこれをとらえ得る"と述べている。輸送手段の発達や低コ
スト化，あるいはインターネット技術の飛躍的な進化により，今日，製品に
関する情報はグローバルレベルで拡く共有されている。スタートアップ市場
を多く抱える東南アジア地域においても，インターネット環境の改善が進み，

スマートフォンはすでに中間層消費者の必需品となりつつある。情報リテラシー能力が高く，グローバルレベルの消費知識を有する中間層以上の顧客がさらに増えれば，複数の市場に対して単一の製品化を行う事が可能となる。

　これに対し，ポーターらの考え方を"マーケティングにおけるグローバリズム"として批判する研究者達 [3] は，"多種多様な市場を，フラットな（平準化された）ものとしてとらえる事は危険である（ゆえに，あくまで個別の市場としてとらえるべきである）"と主張する。例えば，東南アジア市場は地理的に多様であり，市場間における文化的，社会的，宗教的な差異が大きい。これをフラットな市場としてとらえるのは不可能であり，仮に参入企業がそれぞれの市場に共通する部分に何とかアプローチし得たとしても，それは各市場のボリュームゾーンから外れたごく一部分の富裕層や中間上層をとらえて

図表4-1　市場適応の考え方　-まとめてアプローチ-

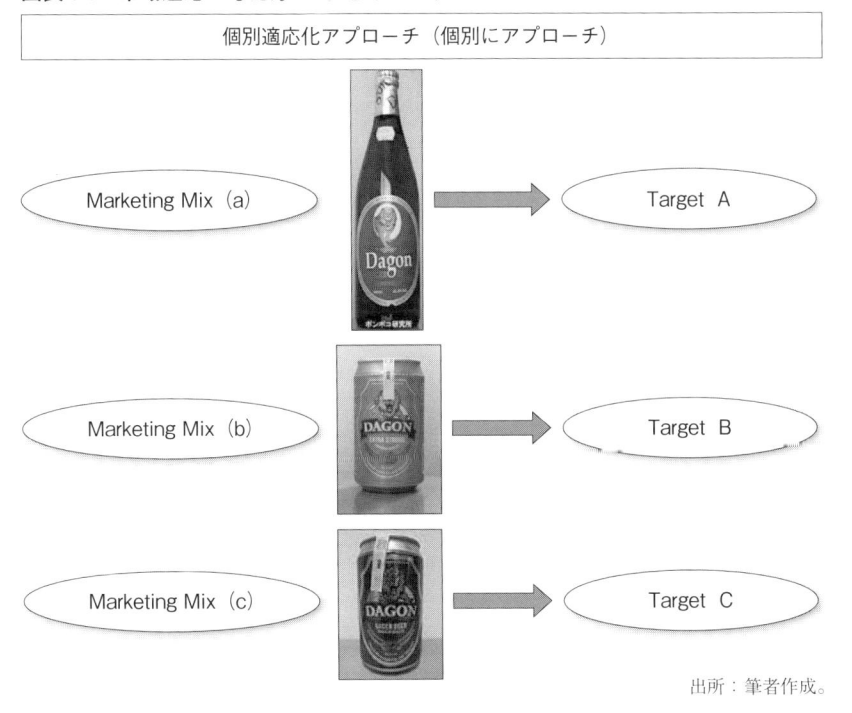

出所：筆者作成。

図表4-2　市場適応の考え方　-個別にアプローチ-

統合化（標準化）アプローチ（まとめてアプローチ）

Marketing Mix

Target　A

Target　B

Target　C

出所：筆者作成。

いるに過ぎない。この意見に従えば，やはり多様化しているグローバル市場には，それぞれ別個の製品化戦略が不可欠という事になる。

これら2つの対立する考え方を表したものが，図表4-1および4-2である。

2 ●統合化アプローチと個別適応化アプローチ

いわば，「統合化アプローチ」とは，グローバル市場をフラットなものとしてとらえ，複数の市場に対して単一の製品を提供するという考え方である。「個別適応化アプローチ」とは，それぞれの市場の文化的・社会的・経済的多様性を重んじ，市場ごとに別個の製品を提供するという考え方である。

グローバル・マーケティングの理論上は，前者の製品化手法を，多様な市場を"統合する"という意味から「統合化（standardization）アプローチ」，後者の製品化手法を，多様な市場に個別に対応するという意味から「個別適応化（adaptation）アプローチ」と呼ぶ。一般に，統合化アプローチを採用する企業は，自国で販売しているのと同じ製品を各国市場向けに展開する。これに対して，個別適応化アプローチを行う企業は，当該製品やサービスの構成要素に修正や変更を加える事により，市場ごとに製品をローカライズ（localize）しようとする。

グローバル市場において成功するために，「統合化アプローチ」と「個別適応化アプローチ」のどちらがより優れているのかについては，これまで長きにわたり様々な議論が戦わされてきた。チャノン（D.F.Channon），バゼル（R.D.Buzzell）らは，統合化アプローチを支持し，優れた製品戦略を実行すればグローバル市場において単一の自国製品を販売する事は可能という見解を示した。統合化アプローチのメリット・デメリットとしては，以下のものが挙げられる。[4]

【統合化アプローチのメリットとデメリット】

メリット

・グローバルな製品イメージの創造が可能になる。

・グローバルレベルで製品化を行うため，製品化にともなうリスクを分散させる事が出来る。

・製品開発・生産・在庫管理において規模の経済性の恩恵を享受出来るため，製品化コストが削減出来る。

デメリット

・市場間の質的差異を反映させた製品化が出来ないため，製品が適応出来ない市場が出てきてしまう。

　一方，国際経営学者であるカトーラ（P. R. Cateora），ヘス（J. M. Hess）達のグループは，グローバル市場で収益を上げるためには「個別適応化アプローチ」こそ有効であるとしてた。あらゆる市場に漏れなく対応し，それぞれの市場の文化的・社会的差異に応じた製品化を行う事で，企業のグローバルレベルでの売上とシェアを最大化させる事が可能になるというのがその主張である。個別適応化アプローチのメリット・デメリットとしては，以下のものが挙げられる。

【個別適応化アプローチのメリットとデメリット】

メリット

・国別・地域別市場の多様性に個々に対応する事で，売上とシェアを最大化する事が可能になる。

・製品化の権限と責任を地域本部に持たせ，地域市場にマッチしたマーケティングを実行する事で，地域ごとのマネジメントやスタッフのモチベーションを上げる事が可能になる。

デメリット

・国別・地域市場別に異なる製品化戦略を行うために，規模の経済性の恩恵を享受出来ず，結果として製品化コストが増加してしまう。

　上記，「統合化アプローチ」と「個別適応化アプローチ」のどちらがより優れているのかというテーマを巡っては，これまで様々な議論が戦わされてきた。しかしながら，これまでの多くの議論はあやふやな前提の上で交わされており，未だにまとまった見解が見出されていない。そもそも"グローバル市場における成功"という言葉自体が曖昧な表現であり，"成功"の定義すら

写真4-1　統合化アプローチにより成功した日本の飲料ブランド

ジャカルタのスーパー（筆者撮影）

定まっていないというのが実情である。強いていうならば，利益志向（プロフィット・オリエンテッド）ないしは優位性志向の考え方に立脚するのであれば，「統合化アプローチ」を選ばざるを得ないであろうし，売上・シェア志向（セールス・オリエンテッド）を奉ずるのであれば，「個別適応化アプローチ」を選択するという事になる。

　次節では，対立する２つの製品化手法である「統合化アプローチ」と「個別適応化アプローチ」の本質について，簡明な事例を引いて説明したい。

3 ●統合化アプローチを実践するグローバル企業

　グローバル市場において，「統合化アプローチ」（standardization）と「個別適応化アプローチ」（adaptation あるいは localization）のどちらが優れているのかという問題を巡っては，過去様々な議論が交わされてきた。前節で述べた通り，優位性を志向するのであれば，「統合化アプローチ」を選ぶべきであり，売上やシェアを志向するのであれば，「個別適応化アプローチ」の方が相応しい。個々の市場に様々な異なる製品やサービスで対応していく「個別適応化アプローチ」を採用すれば，より広範囲な市場を確保する事が可能となる。

　しかしながら，あくまで企業が戦略論の共通原則（"収益目標をいかに効率的に獲得するか"）にのっとって行動しようとするのであれば，限定的なマーケティング手段で複数市場にアプローチ可能な「統合化アプローチ」こそが，最もスマートな製品化手法という事になる。今日のグローバル市場において，明確なグローバル戦略を有する幾つかの企業は，「統合化アプローチ」の考え方に基づき，製品カテゴリーの大胆な"絞り込み"を行い，大きな成功を収めてきた。製品やサービスを極力共通化する事により，製品・サービス創造および生産にかかるコストを極力抑えた優位性の高い市場適応を行う事が出来るようになる。

　「統合化アプローチ」と「個別適応化アプローチ」との選択の問題におい

写真4-2　ユニクロ ベトナムのショッピングサイト

ユニクロホームページより。

て頻繁に取り上げられるのが，「アップル」「ユニクロ」「スターバックス」といった今日のグローバル企業における成功事例である。これら企業は，同質化（ないしは成熟化）したグローバル市場において，その卓越した優位性によって競合企業を退けてきた。例えば，アップル（Apple Inc.）の製品カテゴリーは，大きく，Mac（PC MacBook 他），iPad（タブレット端末），iPhone（スマートフォン），Apple Watch（時計），iPod（音楽プレイヤー）の5つに分けられる。それぞれのカテゴリーに複数の製品サブミックス（サブライン）が存在するが，基本的な製品構成は5つのみである。わずか5つに限定された製品カテゴリーで，グローバル市場において約17兆円の売上と約5兆円の利益を創出するアップルは，まさに「統合化アプローチ」企業の"超優等生"といえよう。今日，我が国の家電メーカーが，同質化と低価格販売競争の中で，数多くの製品カテゴリーを抱えて苦しんでいるのとは対照的である。ユニクロ（株式会社ファーストリテイリング傘下）は，H&M（エイチアンドエム），GAP（ギャップ），ZARA（ザラ：インディテックス傘下）といった売上数兆円規模を誇るグローバルSPAの中にあって，製品をベーシック・カテゴリーに絞る事によって，後発ながら強い優位性を発揮してきた。店舗規模にもよるが，ユニクロの1店舗当たりの平均SKU（stock keeping unit：取扱い商品ラインの数）は約200前後，あるいはそれ以下といわれている。百貨店

の衣料品売場におけるSKUが1店舗あたり数千という事を考えれば、ユニクロの製品絞り込みがいかに抜きん出たものであるかがわかる。サービス業における「統合化アプローチ」の成功例としては、スターバックスが挙げられる。2015年現在、世界の約60の国と地域で展開するスターバックスは、限定的で変化の少ないメニュー構成、マニュアル化により完全に共通化されたサービス内容、店舗デザインの統括など商品コストと店舗コストの徹底した本社管理により、グローバルなカフェ市場において常に市場リーダーの地位を守ってきた。「統合化アプローチ」による低コストオペレーションが、その優位性の源といえるだろう。日本におけるスターバックス（スターバックスコーヒージャパン株式会社）の2014年3月期の売上高経常利益率は約9.2%。同年同時期におけるマクドナルド（日本マクドナルド株式会社）の売上高経常利益率約3.8%とは対照的である。

このように見てくると、戦略論の原則に立てば、「統合化アプローチ」と「個別適応化アプローチ」の選択については、もはや議論の余地は全くないように思われる。

幾つかの成功事例が示す通り、「統合化アプローチ」こそが最もスマートな製品化戦略であり、グローバル市場で大きな収益を上げようとする企業は、製品カテゴリーの絞り込みと共通化を行うべきである。

しかしながら、何の留保（条件）もなく、単純に、「統合化アプローチ」に軍配を上げて良いのであろうか。次に、グローバル市場において、今日最も戦略的な製品化手法といわれている「統合化アプローチ」について、その"採用の条件"を中心にさらに詳しく述べてみたい。

4 ●統合化アプローチの条件

「アップル」「ユニクロ」「スターバックス」等の成功事例を見るまでもなく、あくまで優位性という観点から製品化を考えるのであれば、多様な市場に対して自社の製品・サービスを標準化させる「統合化アプローチ」こそが、最

適な製品化手法という事になる。しかしながら，特定の製品化手法を採用する場合は，参入しようとする標的市場がどのような顧客層かについて，あらかじめ考慮に入れなければならない。「統合化アプローチ」にはそれに適した顧客が存在し，「個別適応化アプローチ」にはそれに相応しい顧客が存在する。いい換えれば，もし，1つの製品化手法を採用した後に，標的とする顧客に変化が生じたならば，企業は当然その製品化手法自体を変えざるを得ない。例えば，製品化手法を「統合化アプローチ」から「個別適応化アプローチ」に変化させる，あるいは，それら2つの手法を組み合わせるといった事態も想定され得る。

　それでは，一般に優位性が高いとされる「統合化アプローチ」に相応しい顧客層とはどのような顧客層であろうか。マイケル・ポーター（Michael Porter）は，グローバル市場を志向する企業が「統合化アプローチ」を採用する際の主たる顧客層として，次の3つを挙げている。[5]

1．高度の業務用顧客層
2．上層顧客層
3．（グローバルレベルでの）情報交換が活発な顧客層

　ここでいう"高度の業務用ユーザー"とは，技術スタンダードが確立している製品カテゴリーにおいてBtoB取引を行っている業務用顧客という意味である。顧客満足度においても，製造・運用コストの面からも，高度の技術スタンダードが存在し，それが拡く認知されているのであれば，製品はその技術スタンダードを備えたものへと統合化されていく。例えば，航空機エンジン（顧客は航空機メーカー）や自動車部品（顧客は自動車メーカー）といった製品ジャンルがそれに当たる。

　2番目の"上層顧客層"とは，富裕層顧客の事である。一般に，富裕層顧客においては，居住する国や地域が異なっても，製品カテゴリーが同じであれば，共通のニーズが多く存在する。富裕層顧客は，一般に国際的な移動が

頻繁であり，他の国や地域の顧客との接触が多く，外部から容易に新たな製品・サービスの情報を取り入れる。また，富裕層顧客は情報リテラシー能力が高く，製品に対する嗜好や購買慣習といった情報が平準化され易い。

　「統合化アプローチ」の主要顧客層の３番目は，"情報交換が活発な顧客層"である。"情報交換が活発"とは，次の２つ事柄を意味する。１つには，新製品情報や自分の知らない製品情報に対する好奇心が強く，積極的にそれら情報の取得に努めようとする顧客層という意味である。さらに，これには情報リテラシー能力が高いという意味も含まれる。様々な情報デバイスを所有し，ＳＮＳ等のツールを積極的に使って，新たな情報にアクセス可能な顧客層は，グローバルレベルで平準化された消費知識を有しており，「統合化アプローチ」に適した顧客層という事が出来る（図表4-3参照）。

　通常は，居住する国や地域が異なれば，消費生活を特徴付ける社会背景も文化背景も異なる。当然，グローバル市場というレベルにおいては，各国における標的市場の嗜好や購買習慣には大きな差異が見られる事になる。マイケル・ポーターの考え方は，あえて消費生活上の差異が少ない顧客層を選択するか，あるいは差異を打ち消すべく消費情報の交換を積極的に行おうとする顧客層を狙って，「統合化アプローチ」実行しようとするものである。

　マイケル・ポーターが挙げるこれら「統合化アプローチ」の顧客条件は，筆者が見るところ，まさに"コロンブスの卵"とでもいうべき画期的な着想によるものである。前々節，前節において述べたように，対照的な２つの製品化手法である「統合化アプローチ」と「個別適応化アプローチ」を巡っては，どちらがより高い収益を生むかという議論が長い間交わされてきた。この不毛の議論に対して，マイケル・ポーターは，どちらが優れているかではなく，"標的市場を顧客層により分類し，それぞれの標的市場に合った製品化手法を選択すべきである"という新たな考え方を示したのである。

図表4-3　統合化アプローチによる東南アジア市場参入製品（食品）

統合化アプローチ

「standardization」

[条件]
● アッパーミドル，
　アッパーなターゲット層

ヤクルト

ポカリスエット

出所：筆者作成。

5 ● 個別適応化アプローチ
〜パンカジ・ゲマワット（Pankaj Ghemawat）の製品化理論〜

　次に，「統合化アプローチ」（standardization）の対極にある「個別適応化アプローチ」（adaptation もしくは localization）について，パンカジ・ゲマワット（Pankaj Ghemawat）の製品化理論を中心に詳述しておきたい。[6]

　パンカジ・ゲマワットは，若くしてハーバード・ビジネス・スクールのグローバル経営戦略の教授に就任した気鋭の研究者である。ポーターとゲマワットの製品化手法に関する相違は，理論的な差異もさる事ながら，両者のグローバル市場に対する考え方の違いにある。ゲマワットの提示する製品化手法は，ポーターとは異なり，今後いかに情報社会が進展し，経済がグローバル化したとしても，社会基層としての文化的・社会的差異が存在する限り，決して市場はフラット化しないという前提から出発している。ゲマワットによれば，グローバル市場に標的となり得る2つ以上の地域市場がある場合，それらは常に共通性を有する半面，常に異質な部分を抱えている。フラットな部分とフラットではない部分を有しているのが，地域市場なのである（図表4-4参照）。

ポーターをはじめとする"グローバル市場，フラット化論者"は，上述のような場合においても，戦略性の観点から「統合化アプローチ」による対応を主張してきた。しかしながら，グローバル市場→非フラット化論者であるゲマワットの考え方はそれとは異なる。グローバル市場を市場の差異により色分けした幾つかの大きな地域グループ市場に分割し，事業レベルでの「個別適応化アプローチ」をそれぞれの地域グループ市場に対して実施する一方，地域グループ市場の内部においてはコスト削減のために「統合化アプローチ」実行する。そのためには，「生産拠点の集約」「製品を含めたマーケティング手段の修正」といったマーケティング資源（人・モノ・カネ）の再分配が不可欠となる。こうしたゲマワットの段階的な製品化手法は，いわば「個別適応化アプローチ」の修正形，あるいは，「統合化アプローチ」と「個別適応化アプローチ」の折衷案とも見なす事が出来る。そして，ゲマワットは，このような"非フラット化論"に基づく製品化戦略を「セミ・グローバル戦略」と呼んでいる。

図表4-4　個別適応化アプローチによる東南アジア市場参入製品（食品）

個別適応化アプローチ

「adaptation」

味の素
（MSG⇒メニュー調味料）

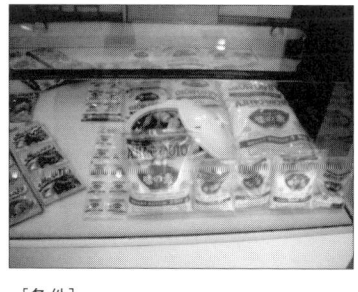

［条件］
● 製品開発コスト発生
● 自国標準化（アッパーミドル，アッパー）
　⇒現地適応化（大衆層）の段階的戦略が有効

出所：筆者作成。

グローバル市場がフラット化しつつあるのか，それとも，依然として非（未）フラット化の状態にあるのか，一概に断じる事は出来ない。しかしながら，ポーターが「標準化アプローチ」の採用条件として挙げたように，"情報感度の高い""中間層以上の"顧客層（例えば，「スターバックス」や「アップル」における若年都市中間層のような顧客層）が確実に一定ボリューム存在する場合は，間違いなく「統合化アプローチ」が有効であると考えられる。しかし，食品市場や消費財市場のように，市場全体の規模が大き過ぎる場合や，社会基層としての市場間差異が大き過ぎる場合には，やはり，ゲマワットの提示する段階的な折衷案「セミ・グローバル戦略」が有効であると考えられる。

6 ●統合化アプローチの実際（1）
―市場環境変化―

　ここまで述べてきたように，グローバル市場における製品化において，「統合化アプローチ」は「個別適応化アプローチ」よりも優位性が高く，より戦略的であるとされる。しかし，マイケル・ポーター（Michael Porter）が指摘しているように，「統合化アプローチ」を採用するためには，まず，それに合った顧客層（既出の3つの顧客層）を選ばねばならない。また，仮に企業が「統合化アプローチ」で成功を収めていたとしても，狙う市場や顧客が変化すれば，企業は製品化戦略を他のものへと変化せざるを得ないのである。

　一般に，製品化手法への影響要因としては，こうした顧客サイドの変化の他に，企業のマーケティング目標，さらには経営哲学や企業文化等，エモーショナルな要因も挙げられる。顧客層が戦略主体である企業を取り巻く「外的条件」であるのに対し，企業のマーケティング目標，企業文化といった影響要因はその企業自身が持つ"内的条件"である。では，グローバル企業は，「外的条件（顧客）」や「内的条件（企業）」の変化に合わせて，どのように「製品化手法」を変化させていくのか，再度，日本を代表するグローバルSPA

である株式会社ユニクロ（以下，単にユニクロと表記する）を例に考えてみたい。

　2015年現在，約6,000億円の売上と約840の店舗数を誇るユニクロは，日本を代表するアパレル・メーカーである。拡く知られているように，SPA（specialty store retailer of private label apparel）と呼ばれるその製造小売モデルは，グローバルSPA業界のフロントランナーであるGAP（ギャップ）に倣ったもので，生地工場⇒メーカー⇒商社（卸）⇒小売という従来の衣料品流通を自社組織化する事による大幅なコストダウンと高い収益力がその最大の特長である。また，労働力が安価で安定生産が見込める有望途上国への生産シフト，店舗やサービスの標準化なども高い競争力の源泉である。

　こうしたSPA業界におけるユニクロの競合企業は，ZARA（スペイン），H&M（スウェーデン），GAP（アメリカ）といった海外の1兆円〜2兆円プレイヤー達である。そして，ユニクロがこれら海外のライバル企業に対して，これまで対抗する事が出来た最大の差別化要因が，季節ごとの高機能商品（"フリース"，"ヒートテック"，"ドライTシャツ"，"ソフト＆ストレッチ"等）による徹底した「統合化アプローチ」であった。これらライバル企業はユニクロと同じグローバルSPAであり，ビジネスモデルの強みにおいて特にユニクロが抜きん出ていたわけではない。また，様々なトレンドをいち早く取り入れる力，デザインの多様性，商品バラエティといった特徴においては，H&MやZARAの方がユニクロより遥かに優っていた。しかしながら，製品を売れ筋カテゴリー（フリースに代表されるいわゆるベーシックカジュアル）に絞り込み，極端に少ないSKU（stock keeping unit）で，標的市場への適応を果たしつつ収益性を高めるという戦略により，ユニクロは高い差別性を発揮してきたのである。

　さて，ユニクロの「統合化アプローチ」による躍進に陰りが見えてきたのが，2003年前後である。1998年には，同社の初期段階におけるベーシックカジュアルの定番"フリース"が大ヒットし，2001年に売上は過去最高の4,186億円を記録した。しかしこの前後から，それまでリーズナブルなベーシック

図表4-5　ユニクロ　製品化手法の転換と売上推移

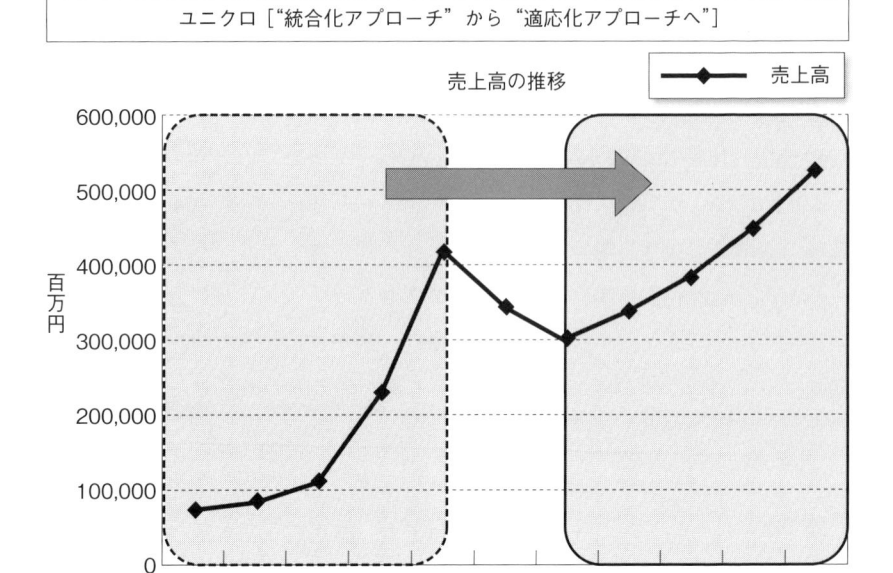

出所：筆者作成。

カジュアルに飛び付いてきたユニクロの顧客層に変化が見え始めた。より新しいトレンドを反映した商品や，安価でしかもデザイン性が優れたバランスの良い商品への顧客シフトが始まったのである。「ユニクロの製品（ベーシックカジュアル）はもう飽きられた」という意見がどこからともなく聞こえるようになり，2001年から2003年までのわずか２年間ではあったが，ユニクロの売上は急降下を辿った。[7]

　そして，こうした"外的条件"としての顧客層の変化がトリガーとなり，ユニクロは「製品化手法」を「統合化アプローチ」から「個別適応化アプローチ」へ，あるいはそれら両者を組み合わせた（ミックスした）ものへと変容させていったのである。それまでユニクロの特徴だった１アイテム単独完結型の単品集積売場から，テーマ別，スタイル別に分類された商品のコーディネーション展開を始め，多数の新商品が投入された。例えば「スキニージー

ンズ」「カシミヤ」に代表される先端トレンドを取り入れた多様な商品群である。このようなトレンド性やデザイン性と価格とのバランスを考えた商品展開は顧客に受け入れられ，2003年以降，売上は再度上昇基調に戻っていったのである。

　次節以降においては，上述のような“外的条件”としての「顧客」に加え，「内的条件」である戦略的意図の変化により製品化手法がどう変わるのか，もう一度，ユニクロを題材にして考えてみたい。

7 ● 統合化アプローチの実際（2）
―戦略意図の変化―

　前節においては，ユニクロを例に，外的条件（顧客層や顧客ニーズ）の変化による製品化手法の転換について述べた。ベーシックアイテム中心の購買スタイルからトレンド性の重視へと顧客ニーズが変化したのを受け，ユニクロは従来の「統合化アプローチ」から「適応化アプローチ」へと製品化手法の転換を図った。ところで，製品化手法の変化は，必ずしもこうした外的条件の変化のみをトリガーとするものばかりではない。「経営目標」や「マーケティング目標」といった企業に内在する諸条件（内的条件）の変化を踏まえて製品化手法が転換するケースも数多く見受けられるのである。本書においては，企業が内的条件によって自ら決定する戦略の方向性を“戦略的意図”と呼ぶ事にする。本節から次節にかけて，東南アジア市場におけるユニクロの戦略を題材に，“戦略的意図”に基づく製品化手法の決定について考えてみたい。

　“戦略的意図”という言葉を最もわかり易く定義したのは，アメリカで最も影響力のある戦略論思想家といわれたC.K.プラハラード（1994）である。プラハラードは，企業がグローバル市場において成功するためにいかなる行動を取るべきかについて，幾つかの新しい概念を提案した。その中で最も有用なものの1つが，“戦略的意図”という考え方である。[8]さらに，プラハラード

図表4-6　企業による主体的な製品化手法の決定

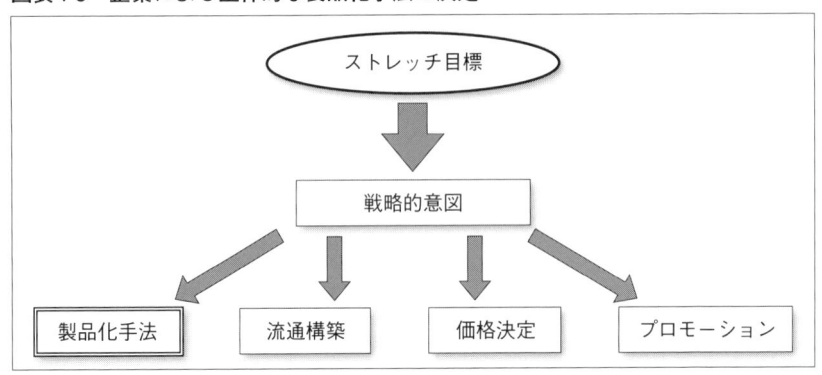

出所：筆者作成。

は，同書の中で，グローバル企業が "戦略的意図" を明確化し，これを実現するためには，"ストレッチ目標" の設定が不可欠であると述べている。現時点での自社の実力からは遥かに遠い目標（ストレッチ目標）をあえて設定し，その実現のために主体的な企業戦略を策定し，さらにはマネジメントや従業員の意識や行動をその戦略の遂行に向けて集中させるという考え方である。"ストレッチ目標" は数量的な目標（シェアや売上や利益）として示される場合もあるし，あるいは企業組織そのものの変化（IPO，新製品や新サービスの開発等）として設定される場合もある。例えば，故ケネディ大統領がかつて行った「1960年代の終わりまでに人類を月に着陸させる」という演説は，アメリカが国際宇宙開発においてフロントランナーの地位を獲得するための "ストレッチ目標" を示したものという事が出来る。目標実現のための国家的な "戦略的意図" に沿って，プロジェクトに関わった多くの米国企業は技術開発にしのぎを削った。

　さて，ユニクロは上述のように，2000年代初めまでは，製品を売れ筋カテゴリーに絞り込み，少ないSKU（stock keeping unit）で着実に標的市場への適応を果たすという戦略で着実に収益を上げてきた。しかしながら，2010年前後から，ZARA，H&M，GAPといった売上数兆円を誇る巨大SPA企業の

新興国市場に狙いを定めた拡大攻勢に直面し，グローバルレベルでの売上量の増大路線に舵を切るようになる。こうした背景を踏まえ，柳井社長が2013年に示したのが，「2020年の売上高5兆円，経常利益1兆円」という非常にチェレンジングな数字目標であった。売上高1兆円といった，近い将来に手が届きそうな数字ではなく，あえてハードルを高くした具体的な"ストレッチ目標"を示す事により，柳井社長は，伸びしろのある新興国市場を中心に短期間で売上量を増大させる，というユニクロの新たな"戦略的意図"を明確にしたのである。

　こうした新たな"戦略的意図"（伸びしろのある新興国市場を中心に短期間で売上量を増大させる）を踏まえ，現在，ユニクロはアジアの新興国市場でのシェア拡大を急ピッチで進めている。同社は現在，世界共通製品であるベーシックラインを前面に据えて，少ないコストで収益を確実に獲得しようという従来の戦略から，アジアの新興国市場の多様性に富んだ生活習慣や購買習慣に個別に適応し，国別シェアを出来る限り増大させようとする戦略へ，戦略の転換を進めている。そして，一部の富裕層に狙いを定めて世界共通製品を生産・販売する「統合化アプローチ」から，より多くの大衆層顧客に現地嗜好に合ったものを生産・販売する「個別適応化アプローチ」へと，より主体的かつ自発的な形で，製品化手法を変化させているのである。次節では，"ストレッチ目標"と"戦略的意図"による製品化手法の転換について，ユニクロのバングラディシュにおける事例を分析しながら，さらに詳述したい。

8 ●統合化アプローチの実際（3）
―「ユニクロ」の東南アジア市場における戦略意図の変化―

　海外市場参入を目論む企業が，"戦略的意図"に沿って参入戦略の具体的内容を決定するためには，"ストレッチ目標"の設定が不可欠である。「製品化手法」の選択においても，短期的な状況変化に合わせてその都度手法を変えるのではなく，長期的視野から"ストレッチ目標"を設定し，さらには"戦

略的意図”を明らかにし，それらに沿った「製品化手法」を採用する事が極めて重要となる。株式会社ファーストリテイリングの柳井正社長は，2013年，〈ユニクロの2020年グローバル売上高5兆円，経常利益1兆円〉という長期的な“ストレッチ目標”を打ち上げた。同時に，〈新興国市場を中心に売上を増大させ，グローバルSPAのシェアNo.1になる〉という壮大な“戦略的意図”を明らかにした。本節では，“ストレッチ目標”および“戦略的意図”に基づく「製品化手法」の選択について，同社のバングラディシュ市場参入を例に考えて見たい。

　2013年，ユニクロはグローバル戦略の一環として，バングラディシュ市場に進出した。ユニクロのバングラディシュ市場への参入については，日本のマスコミにも大きく取り上げられたので，読者の中にはすでにその挑戦の経緯をご存知の方もいるかもしれない。ZARA，H&M，GAPといった売上1兆円を超える巨大なSPA企業がファストファッション市場のシェアを奪い合い，先進国においては急速に市場の同質化が進む中，柳井社長は“from ダッカ to ニューヨーク”というスローガンの下，上述の新たな“ストレッチ目標”と“戦略的意図”を明らかにした。そして，この新たなグローバル戦略の最初の試金石（あるいは最初のターゲット）となったのが，人口1億5,000万人のバングラディシュ市場であった。

　さて，新たな“戦略的意図”の下，ユニクロのバングラディシュ市場参入戦略を特徴づけたのが「製品化手法」の大胆な転換である。ユニクロは，同市場においてトップシェアを狙うに際し，先進国市場における共通製品であるベーシックラインを中心とした従来の製品化から，現地大衆顧客層（ボリュームゾーン）のシェア獲得を目指して，ターゲット市場の生活習慣に徹底的に合わせたもの創りを行うというやり方に「製品化戦略」を転換した。すなわち，「統合化アプローチ」から「（個別）適応化アプローチ」へと，より主体的な形で，「製品化手法」を変化させたのである。そのきっかけとなったのが，バングラディシュにおける伝統的女性服“サロワカミューズ”（salwar kameez）の存在であった。ユニクロは現地店舗開設に際し，一般消費者の家

ユニクロ ホームページより。

庭を訪問したり，街頭調査を行う等して，女性服に関する市場調査を徹底していった。その結果，現地の女性は（特に，成人女性もしくは成人に近い年齢の女性ほど），カジュアル・ウェアはほとんど持たず，外出の際は伝統的女性服を着用しているという事が明らかになった。とはいえ，現地女性がファッションに興味がないわけではない。若い女性達は，サロワカミューズを様々にアレンジしおしゃれを楽しんでいたのである。そこで，ユニクロは従来の機能性とデザインを売りにしたベーシックラインに加え，現地の女性民族衣装のエッセンスをデザインに取り入れた現地適応化製品の開発・販売に踏み切ったのである。この決断は，定番の機能性カジュアル・ウェアを中心に「統合化アプローチ」に基づく製品化を各国市場で進めてきたユニクロにとっては，まさに画期的な戦略変更であった。2013年の店舗進出当初，わずか2店舗だったバングラディシュのユニクロ店舗数は，現在8店舗にまで増えている。

　さらに，ユニクロは，バングラディシュの女性民族衣装の要素を取り入れ

た新しいデザインの製品を，同質化が進む先進国SPA市場へ，新たな差別化商品として導入した。2015年4月，世界14か国のユニクロ旗艦店で，上記サロワカミューズにヒントを得たエスニックテイストの新製品が女性向けベーシックラインとして販売した。「統合化アプローチ」から「適応化アプローチ」へ。そして，地域市場における「適応化アプローチ」から生まれた新製品を，再度，ベーシックライン（統合化製品）としてグローバル市場へ。ユニクロの「製品化手法」は，あくまでも長期的な"ストレッチ目標"と確固たる"戦略的意図"に沿ったものである。

■注

1 本書におけるグローバル市場の文化的多様性と，国際的消費者のそれに対する学習・関知ないし関与については，A.Coskun Samli（2010）によるところが大きい。一方，川端（2005）は，あえて"文化"という言葉を用いずに，国際消費者の行動に市場の歴史的・環境的要因が影響を及ぼすメカニズムを"コンテキスト"（脈絡）という言葉を用いて考察している。本書はコンテキスト論に沿ったものではないが，川端（2005）の論考は貴重な知見であると筆者は考える。

2 Porter（1985）を参照。

3 Porter（1985）の標準化論（統合化論）に対するものとして，Pankaj Ghemawat（2007）の依然"非フラット化"しているグローバル市場に企業はどう対応 するかという論考がある。しかしながら，Pankaj Ghemawat（2007）は，従来からの 議論に沿って，「標準化」（統合化）と「個別適応化」を明確に二分しているわけではなく，本章5節にあるように，"セミ・グローバリゼーション"という概念を提示し，標的市場の様態に合わせて「標準化」（統合化）と「個別適応化」を組み合わせるという考え方を提示している。本書における "製品化手法の組み合わせ" という知見も，Pankaj Ghemawat（2007）の考え方を踏まえたものである。
川端（2005）は，「標準化戦略で世界市場を制覇している代表のように見られている欧米ブランドも地域ごとの商品開発を行っている」とし，これは「（個別）適応化」というよりも，企業のグローバル化プロセスの"修正"に過ぎないとしている。また，筆者も目黒（2011）の中で，（株）エースコックのベトナムにおける成功事例を踏まえ，セミ・グローバル戦略の戦略上の優位性に触れている。

4 D.F.Channon, R.D.Buzzellら，従来からあるグローバル市場における製品化手法の優位性を巡る論争については，熊田（2000）に詳しい。

5 Porter（1985）を参照。

6　Pankaj Ghemawat（2007）を参照。

7　小川ら（2016）の論考に，ユニクロの標準化・適応化戦略および戦略意図と参入戦略の変遷について有用な知見が見出せる。本書においても参考とした。

　　また，ユニクロのグローバル戦略および戦略意図を詳述したものとしては，横田増生の著作（2011，2017）がある。本書においてもこれらを参考とした。

8　C. K. Prahalad（1994），およびHamel & Prahalad（2010）の論考は，製品化手法（「標準化」（統合化）あるいは「個別適応化」）を主要テーマとしたものではない。しかし，川端（2005，2010）のいう“コンテキスト”，あるいはA.C.Samli（2010）の文化的環境に対する学習・関与，いずれにおいても，参入企業のマネジメントの“戦略意図”が戦略の方向性を決定する事に変わりはない。参入企業の“戦略意図”に関する論考は，海外市場参入・流通戦略構築に必須のものとして，本書でも取り上げた。

■ 参考文献

・A.Coskun Samli, *International Consumer Behavior : Its Impact on Marketing Strategy Development,* Quorum Press, 2010.

・C.K.Prahalad, *Competing for the Future,* Harvard Business Review Press 1996.
　　Gary Hamel and C. K. Prahalad, "Strategic Intent," *Harvard Business Review,* JULY-AUGUST 2005.

・M. E. Porter, *The Competitive Advantage: Creating and Sustaining Superior Performance,* 1985.

・Pankaj Ghemawat, *Redefining Global Strategy: Crossing borders in a world where differences still matter,* Harvard Business School Publishing, 2007.

・川端基夫『アジア市場のコンテキスト』新評論，2005。「日本企業の国際フランチャイジング」新評論，2010。

・熊田喜三男編著『国際マーケティング戦略』学文社，2000。

・白貞任・加藤司・渡辺幹夫「日本の消費者需要への創造的適応」『流通科学大学論集 ― 流通・経営編 ―』第25巻第2号，2013。

・白貞任「グローバル・リテーラーの現地適応化過程とその段階的解明」『流通研究』6巻2号，2003。

・平山弘，「グローバルニッチ戦略の適用可能性」『阪南論集 社会科学編』2009。

・目黒良門『戦略的マーケティングの思考』学文社，2011。

・森樹男「日本の海外進出企業における地域統括本社制の現状と問題点」日本経営学会『経営学論集』67巻，1997。

・横田増生「ユニクロ帝国の光と影」文藝春秋，2011。

・横田増生「ユニクロ潜入1年」文藝春秋，2017。

第5章

東南アジア市場における
バリューチェーン

1 ●同質化する東南アジア市場と流通戦略

　本章においては，下記に示す流通戦略構築のための４つのセオリーの３番目，「バリューチェーンの構築」について，従来からの流通分析手法とその限界，マクロな視点から見た東南アジアにおける流通の現状を踏まえて明らかにしたい。現地ディストリビューターの活用に基づく「バリューチェーンの構築」こそが，本書がテーマに掲げる東南アジア市場参入のための流通戦略の核心部分である。

【東南アジア市場参入に向けた流通戦略構築のための４つのセオリー】

セオリー１：「参入カテゴリー」と「参入基本戦略」の選択

セオリー２：「製品化手法」の選択

セオリー３：「バリューチェーン」の構築

セオリー４：バリューチェーン構築に向けた「現地ディストリビューター」
　　　　　　の活用

　第１章において，筆者は東南アジアの消費市場を，成熟した先行アジア諸国と成長過程にある後行アジア諸国とに二分した。今日，巨大な中間層あるいは中間上位層を抱え，GDP規模においてすでに世界の上位（G20メンバー）

に位置する先行アジア諸国に，日本企業の熱い視線が注がれている。しかしながら，タイ，インドネシア，マレーシアといったそれら先行アジア諸国においては，巨大中間層の消費意欲が沸騰する一方，急ピッチで消費市場の「同質化」（commoditization）が進んでいる。同質化とは，消費市場が成熟期に達し，類似の機能，品質，デザインの製品が市場に溢れ，消費者が製品やブランドの差別性を認識し得なくなる状態を指す。

通常，こうした同質化は企業に2つの問題を提示する。1つは価格が下方に収斂され，収益性が悪化するという問題。もう1つは，商品の差別化が困難になり，マーケティング活動が非効率化するという問題である。特に，1つのカテゴリーの中に強大な有力企業が複数存在する場合，それら企業が競い合って類似製品を開発する結果，徒にマーケティングコストのみが増大してしまう。すでに述べたように，東南アジア諸国における多くの市場カテゴリーは，長きにわたる植民地支配と華人企業家の勃興を背景に，外資系企業と財閥系華人企業という2大プレイヤーに独占され続けている。外資系企業と華人系財閥企業は多くの類似製品を生産する事で同質化に拍車をかける一方，伝統的商習慣への徹底的な順応（リスティングフィーなど）や販売における相互連携により，新規外国企業の市場参入を阻んできたのである。

以上のような東南アジア固有の市場同質化要因を踏まえ，新規参入を志す企業はどのように流通を構築すれば良いのだろうか。東南アジア市場参入に向けた流通戦略構築の4番目のセオリー理論（「バリューチェーンの構築」）について検討する前に，先述した海外市場参入のための考察枠組みについて，再度押さえておきたい。筆者はすでに第2章において，流通戦略構築の考察枠組みとして，「独自価値」と「バリュー発想」の2つを提案した。

「独自価値」とは文字通り，それまでに現地市場に存在し得なかったような新しい製品価値の事を指す。同質化が進む東南アジアの成熟市場においては，従来の競争対抗的な発想に基づきマイナーな製品イノベーションを繰り返し行うのではなく，それまでにその市場に存在しなったような新しい製品を開発する事が必要となる。とはいえ，その製品がグローバルレベルにおけ

写真5-1　価値（value）を共有し，伝える事が流通の役割である。イオンモール，ジャカルタ

筆者撮影。

る"絶対的"技術的差別性を有している必要はない。あくまで参入しようとする当該（現地）市場において効力を発揮し得る"相対的"な技術的差別性を備えていれば良いのである。

　さらに，その「独自価値」は，現地市場において単に製品として取引されるだけではなく，流通も含めた新規事業全体の核とならなければならない。メーカー⇒ディストリビューター⇒小売業　と単に製品が取引されていくだけでは，2大プレイヤーが支配する東南アジアの同質化市場において需要を創出する事は難しい。流通に関わる様々な企業（メーカーから各種流通業者まで）が「独自価値」を核に一種のバリューチームを形成し，獲得した収益をシェアする事により，初めて同質化に対抗し得る強力な流通が形成されるのである。これを「バリュー発想」に基づく流通，すなわちバリューチェーンと呼ぶ事にする。

本章では，海外流通の分析視点に基づき，東南アジア市場における流通を，社会文化的環境および競争環境の2つの視点から再度検討する。その上で，同質化が進む東南アジア市場におけるバリューチェーンの構築について詳述する。

2●海外市場の流通を分析する視点

「バリュー発想」に基づく現地のカウンターパートは，これまでのような "取引相手"，あるいは単なる "購入者" ではなく，"独自価値実現の協力者" でなければならない。すなわち，現地の流通における「ディストリビューター」（卸売業者）や「インポーター」（輸入業者）には，もう1つ，進出企業の「パートナー」としての役割が求められるのである。そこでは，垂直流通におけるパワーを巡るコンフリクトに勝ち，より多くのマージンを確保するというこれまでの考え方ではなく，それらパートナーと協力関係を結びつつ独自価値を実現するというスタンスが重要となる。そして，パートナーと一緒にバリューチェーンを構築し，独自価値を実現させるためには，進出企業自身がカテゴリー別の流通の様態をしっかり把握し，"技術的差別性" や "ブランド力" といった自らのコア価値を流通の様態に応じてどう活用していくべきなのかをしっかり考察する必要がある。

　それでは，進出メーカーは，進出先における流通とその変化をどのように見ていくべきであろうか。一般に，流通の様態を分析するためのポイントとしては，次の3つが挙げられる[2]。

（1）流通を見る視点：

　　マクロ視点 vs. ミクロ視点
（2）流通に影響を及ぼす要因：

　　社会文化的影響要因，競争的影響要因，流通主体の動態としての影響要因

（3）流通構造：
　　トラディッショナル・トレード中心 vs. モダン・トレード中心

（1）流通を見る視点

　ふつう，国内外市場を問わず，流通を観察する際の視点としては，マクロ視点から見た流通とミクロ視点から見た流通戦略が挙げられる。ここでいうマクロ視点とは，市場における「流通」（「モノ」「カネ」「情報」の流れ）を個別企業の市場適応戦略という視点ではなく，全体的なシステムとして見る事である。当然の事ながら，進出企業は現地の流通を（マクロ視点から）分析した上で，バリューチェーンの構築を含めた流通戦略を構築する事になる。

（2）流通に影響を及ぼす３つの要因

　マクロ視点における流通は，それぞれの地域や国における歴史的・地理的な条件によって生成される。従って，流通に影響を及ぼすあらゆる要因には歴史的・地理的背景が存在するが，一般に市場環境としての流通に影響を及ぼす要因としては，「社会文化的影響要因」「競争的影響要因」「流通主体の動態としての影響要因」の３つが挙げられる。

（3）流通構造

　流通構造すなわち "流通の形" にとって最も大きな問題となるのが，「トラディッショナル・トレード」と「モダン・トレード」の相違についてである。「トラディッショナル・トレード」とは，地域市場における「伝統的流通」の事で，通常，T.T.（traditional trade）と略される［以下，T.T.と表記する］。「モダン・トレード」とは，いわゆる「近代的（現代的）流通」の事で，こちらはM.T.（modern trade）と略される［以下，M.T.と表記する］。これら２つのマクロ流通の概念は，それぞれに特徴的な流通構造（店舗形態を含む）から成り立つ。一般に，T.T.に属する店舗形態は，地域性の強い小規模な小売業態である。いわゆるローカルの専門店，日本国内で俗にいう "パパママ・

ミャンマー, ヤンゴン郊外 ダラー地区の食品雑貨店（筆者撮影）。

ストア"がこれに当てはまる。また，T.T.においては，商取引の効率性より
も歴史的・伝統的な商取引のスタイルが重んじられ，その流通構造は硬直的
で複雑なものに成りがちである。一方，M.T.に属する店舗としては，スーパ
ー・マーケットやディスカウント・ストア，ホールセール・クラブといった
大規模な近代的小売業態が挙げられる。M.T.の流通構造は，T.T.とは正反対
の効率性重視かつシンプルなものになる。

　ある地域や国のカテゴリー市場において，現地の流通が，T.T.中心の構造
か，M.T.を主体としたものになるかは，当該市場に固有の「社会文化的要因」
によって決定される。同時に，それぞれの流通における社会文化的な特質は，
伝統的な商取引形態であるT.T.の細部にも多大な影響を及ぼす。その意味で，
(3) 流通構造（進出先市場における流通の形）は (2) 流通に影響を及ぼす要
因 からの影響を強く受けるのである。

3 ●社会文化的な影響要因

　マクロ視点における「流通構造」は，市場環境としての"社会文化的影響要因"の影響を色濃く受ける。そして，一国あるいは１地域において新たに販路を構築しようとする外国企業にとって最大の障壁となるのが，参入カテゴリー市場独自の「流通構造」なのである。東南アジアの「流通構造」を特徴付けるのが「トラディッショナル・トレード」の存在である。

　東南アジア市場に参入しようとする企業は，対象カテゴリーの流通全体に影響を及ぼす"社会文化的影響要因"を把握した上で，「トラディッショナル・トレード」「モダン・トレード」双方における自社および自社製品の優位性を見極めなければならない。東南アジアにおける「トラディッショナル・トレード」と"社会文化的影響要因"の関わりについて，もう少し詳しく見ていきたい。

　東南アジアを含むアジアの流通構造が諸外国（特に米英）のそれと比べて特徴的なのは，あらゆるカテゴリーにおいて，「トラディッショナル・トレード」（T.T.）と「モダン・トレード」（M.T.）が混在しているという点である。外資（欧米）系の大型スーパー・マーケットやコンビニエンス・ストアに代表される大規模な組織的小売業態の進出を見る限り，今や東南アジア諸国の流通は完全に「モダン・トレード」に支配されているように見える。しかし，実際のところは，伝統的な地場専門店の数は減少しつつあるものの，今なおアジア全体では，全小売店舗数の５割近くがトラディッショナル・トレードに属する中小規模専門店である。　東南アジアの消費者は，マクロ流通の効率化による利便性や近代的な買物環境を歓迎する一方で，伝統的・歴史的な小売業態が提供してくれる商品やサービスの価格や品質を今なお重視しているのである。さらにいえば，東南アジアにおける消費行動の背景には，こうした消費者の実利志向のみならず，地域的・歴史的な関係性や心情的な結び付きを重んじるという行動特性が存在している。地域の中での"付き合い"，家族ぐるみの"付き合い"，父母の代・祖父母の代からの"付き合い"が，「モ

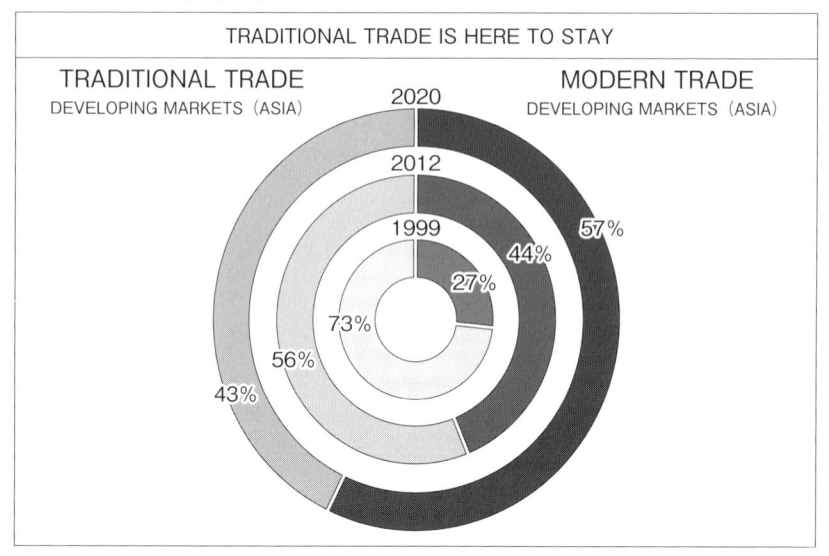

出所：*Maximising Traditions*, Nielsen, October 2015より。

ダン・トレード」が発達した今日においても，消費行動に大きな影響を及ぼしている。東南アジアにおいて「トラディッショナル・トレード」と「モダン・トレード」が混在している大きな理由が，こうした購買行動における保守性である。[3]

　現在，インドネシアには，日本のスーパー・マーケットやコンビニエンス・ストアが相次いで進出している。都市若年中間層を中心に，これらの店舗は常にごった返している。一方で，各地域に存在する従来の公設市場（インドネシア語ではパサール）にも，大衆層を中心に，数多くの消費者が訪れる。「モダン・トレード」の利便性を享受しながらも，生鮮食料品や日用品については，昔から繋がりのある"お馴染の"商店主からも継続的に商品を購入する傾向にある。

　通常，「流通構造」が，「トラディッショナル・トレード」中心の構造か，「モダン・トレード」を主体としたものになるかは，一般的に，当該市場にお

ける"社会文化的影響要因"によって決まる。ゆえに，参入企業がミクロ・レベルでの「流通戦略」（参入時における販路構築戦略）を策定するに際しては，標的となる市場における社会文化的環境の様態およびその影響力（社会文化的影響要因）について，十分に観察・分析しなければならない。さらには，仮に「トラディッショナル・トレード」が支配的であるとすれば，それがどのような構造と特質を持っているのかについても十分に検討する必要がある。次に，「流通構造」に影響を及ぼすもう1つの要因である"競争的影響要因"について考えてみたい。

4 ● 競争的影響要因

　参入市場の流通構造が「トラディッショナル・トレード」（traditional trade）中心なのか，「モダン・トレード」（modern trade）を主体としたものになるかは，当該市場の社会文化環境によって異なる。従って，参入戦略を策定するに際しては，標的市場の背景となる地域流通の社会文化環境について十分に考察しなければならない。それに加えて，同じく，地域市場固有の競争環境についても十分に検討する必要がある。次に，インドネシアの食品市場を例に，流通構造に影響を及ぼす"競争的影響要因"について説明したい。

　インドネシア食品流通における競争的影響要因として挙げられるのが，ディストリビューターの種類と特質である。インドネシアにおける食品卸売業は，「メーカー系列ディストリビューター」と「インディペンデント（独立）・ディストリビューター」に大別される。「メーカー系列ディストリビューター」は，文字通り，大手地場食品メーカーおよび欧米系食品メーカーの系列卸売業者である。「インディペンデント（独立）・ディストリビューター」は地場の卸売業者である。日系メーカーの中には，全国流通を網羅するために，300〜400の「インディペンデント（独立）・ディストリビューター」を常時使っている場合もある。地方（島嶼部等）に行くと，地域の有力者が，「インディペンデント（独立）・ディストリビューター」を営んでいたり，事実上これを

写真5-3 「メーカー系列ディストリビューター」の冷蔵・冷凍トラック

ジャカルタ市内（筆者撮影）

支配しているケースも珍しくない。都市部においては，製品カテゴリーや販売地域によって，「インディペンデント（独立）・ディストリビューター」が色分けされる。メーカーは販売地域に応じて，これらを使い分けている。[4]

　インドネシアの食品流通におけるもう1つの競争的影響要因が，2次卸・3次卸の存在である。これらは，通常「グロシール」と呼ばれている。多くのグロシールは，公設市場（パサール）の近くに小売店舗を構えており，地場の大衆市場にしっかりと根を下ろしている。欧米系・地場のメーカーであっても，大規模小売店（モダン・トレード）以外と取引をする場合は，自社系列もしく独立ディストリビューターを通して，これら2次卸（グロシール）と取引を行う。従って，日系メーカーは，これら零細卸売業者をコントロールする事が可能な，パワーのある「メーカー系列ディストリビューター」あるいは「インディペンデント（独立）・ディストリビューター」とアライアンスを結び，市場参入を図る必要がある。

　流通経路に影響を及ぼす要因は，上記のような構造的なものばかりとは限らない。〈商慣習・制度〉がもたらす影響も見逃せない。インドネシアの食品流通において，しばしば問題となるのが，高いリスティング・フィー（小

売店の棚代）という半ば制度化された商慣習である。リスティング・フィー（小売店の棚代）は東南アジアの他の食品市場においてもふつうに見られる商慣習であるが，インドネシアにおいては，様々な小売業態に渡って広範囲に慣習化している点において特徴的である。メーカー数社へのヒアリングによると，取引数量の多いミドル層〜ミドル・ローワー層向けの店舗においては，小売店側からリスティング・フィー以外にも様々な名目の取引費用を要求され，メーカーの収益を圧迫しているという事である。特に，欧米系小売最大手のカールフールは，多くのリスティング・フィーを要求する事で有名である。アッパー層向けのスーパー（高級スーパー）においては，リスティング・フィーに関する縛りは緩やかで，あっても交渉ベースで減額されるか，全くリスティング・フィーは取らないというケースも見受けられる。また，トラディッショナル・トレード（伝統的流通）においても，慣習的にリスティング・フィーは見られる。例えば，公設市場（パサール）にでは，「メーカー系列ディストリビューター」や「インディペンデント（独立）・ディストリビューター」が特定の製品を良い販売位置に置いてもらうために，3〜5か月単位で，数千円（日本円で）の棚代（あるいは報奨金）を支払うのがふつうである。

5 ● 流通主体の動態としての影響要因

「流通構造」は，必ずしも地域市場独自のものとは限らない。確かに，東南アジア市場をはじめとするそれぞれの地域市場には地域固有の「流通構造」が存在する。しかし，グローバルな視点で見れば，それぞれの地域市場における（ミクロ・マクロの）「流通構造」は，地理的な違いこそあれ，地域間で非常に似通っている。これは，前節で述べたもう1つの環境要因"商習慣・制度"についても同じである。リベート，派遣店員，棚代，返品等々といった我々にも馴染みの深い商習慣は，金額や遵守度合いや強制力に関しては各地域間で差があるものの，それぞれの習慣・制度の概念自体としてはほぼ共

通のものである。

　むしろ，ここで地域市場独自の流通構造に影響を及ぼす環境要因として注目すべきは，社会文化的あるいは競争的影響要因ではなく，各流通主体の生態や行動（"動態"）である。例えば，地域小売店の競争分析でいえば，重要になるのは"静態"としての店舗形態よりも，むしろ店舗を経営する企業の"動態"としての経営行動の方である。従って，東南アジア市場に参入しようとする企業が地域流通に影響を及ぼす要因を把握し，戦略を立案するためには，そこでいかなる流通主体（プレイヤー）がどのような行動を取っているのかをまずはしっかり押さえておかなくてはならない。

　以上の視点から東南アジア市場を見た場合，流通構造に大きな影響を及ぼす要因が，外資系企業と華人系財閥企業，２大流通主体（プレイヤー）の動態なのである。外資系企業と華人系財閥企業の東南アジア地域市場における活動（動態）を環境要因として分析する事は，同市場におい流通を構築し，参入を図ろうとする日本企業にとって極めて重要である。これら２つの巨大プレイヤーの行動は，(1) 消費市場の同質化を引き起こす，(2) パワー（power）により流通を支配する，という２つの点において，これまで日本企業の同市場参入の障壁となってきた。(1) の東南アジア市場の同質化については，すでにこれまで何度か述べてきた。さらには，市場同質化の結果として（パワーを持つ）２大プレイヤーのみが生き残る事になったのか，２大プレイヤーがパワーを持った結果市場同質化が惹起されるようになったのか，これら２つの問題の因果関係も（鶏と卵のようなもので）未だに不明である。ここでは，(2) の２つの巨大プレイヤーによる流通支配について，詳しく見ていく事にする。

　一般的な流通論における"パワー"とは，垂直流通プロセス（メーカー⇒卸⇒小売）において，大型メーカーと大規模組織的小売が，それぞれ流通を効率化したり，販路決定権を保持したり，あるいは価格をコントロールする事により利益を最大化しようとする，その際に用いられる力の事である。より具体的には，メーカーの販売する力であるセリング・パワー（selling power）

と大型小売店の購買する力であるバイイング・パワー（buying power）の事である[5]。しかし，東南アジア市場においては，2大プレイヤーが流通に対して発揮するパワーが，垂直的流通に作用するだけでなく，従来の本質的な市場競争である水平的競争（市場における面の競争）にも大きく作用する。

つまり，外資系企業と華人系財閥企業は，これまでの長い歴史の中で培ってきた政治的・経済的な力を背景に，消費市場と流通プロセスの双方を完全にコントロールしているのである。

例えば，インドネシアにおける外資系企業の多くは半世紀に近い長い歴史を誇っている。インドネシア食品業界のリーダー的存在ともいえるユニリーバ社は，第2次世界大戦勃発の数年前には，すでに同地で活動を始めていた。80年にわたる歴史を通して，ユニリーバ社は徹底して現地市場に順応し，その結果として，複雑で長いインドネシアの伝統的流通を支配し続けてきた。歴史の古さにおいても，地域市場への順応行動においても，ユニリーバ社はインドネシアのローカル企業よりも格段にローカル色の強い企業という事が出来るのである。次に，これら2大プレイヤー（欧米系，財閥系）の流通支配力の様態，また，それらの"結び付き"（相互依存関係）の実態についても明らかにしたい。

6 ● 欧米系メーカーと華人系企業による流通支配

本節では，"流通主体の動態としての影響要因"について，より詳しく見ていきたい。本書において繰り返し述べているように，欧米系企業ならびに華人系財閥企業は"強者同盟"ともいうべき連携関係を構築し，東南アジアの流通において，排他的なパワーを発揮している。初めに外資系企業の様態と流通に及ぼす影響について述べ，次いで欧米系企業と華人系財閥企業の同盟関係について見ていきたい。

メーカー，卸，小売，サービス，すべての分野において，東南アジア市場を牽引しているのが華人財閥企業である事は周知の事実である。同質化が進

む先行市場ほど華人系財閥企業が強いという傾向にある[6]。それら華人財閥系企業による流通支配競争に，潤沢な資金力を持つ欧米系の外資企業が長期にわたり"参戦"し続けているのが，同質化アジア市場の特質である。

　東南アジア市場における外資系企業は，現地に自ら事業会社を設立し生産・流通を行っている企業と，現地企業に生産・販売を委託している企業（後述するグローバル・メガブランド・フランチャイズ）に大別出来る。例えば，インドネシア食品市場におけるグローバル・メガブランド・フランチャイズの数は49ブランドと，日本における総数（46）を抜いている。特にインドネシアにおいて，これらグローバル・メガブランドの数が多いという事は，この国が"先行アジア"として，早い段階から海外の製品を受け入れてきたという実績を示すものである。すでに述べたように，インドネシアにおいては，複数の欧米系食品企業がすでに1940年代から営業活動を行っている。地場食品最大手である財閥系のインドフード（Indofood）社の創業が1990年（同社名による事業スタート）である事を考えれば，これら欧米系食品メーカーは，もはやインドネシア食品業界を代表する古参企業といわざるを得ない。

　こうした古い歴史を誇る外資系企業の地域流通への支配力強化は，特に伝統的流通分野（トラディッショナル・トレード）において著しい。ここでは，例として，彼らのリスティング・フィーに対する適応力について明らかにしたい。リスティング・フィーとは，メーカーないしは流通業者が小売店側に支払ういわゆる"棚代"の事である。東南アジアの流通においては，この種の金銭の授受が習慣的に行われており，長年にわたり競争阻害要因になってきた。筆者は2012年にインドネシアの伝統的流通に関する調査を行い，ジャカルタに残る公設市場内にあるTOKO（トコ）と呼ばれる小売店に対して聞き取り調査を行った。それによれば，公設市場の小売店頭におよそ50cm×50cmのユニリーバ商品の棚を設置した場合に，サプライヤーが小売店舗に支払うリスティング・フィーは，平均で3か月で300,000ルピア（約3,000円，2つの公設市場内の計10店舗の平均金額）となる[7]。この支払金額は，インドフード社などの華人財閥系企業を含めたどの競合他社のそれよりも多額であっ

た。ユニリーバ社は，このようなパワーに物をいわせた方法で，現地の伝統的な商慣習に徹底的に順応し，流通を支配してきたのである。

さらに，外資系企業は，表向きは華人系財閥企業と競合関係を保ちつつ，利害が一致するところでは相互に連携し，"共存共栄の関係"で利益とシェアを分け合ってきた。上述したように，幾つかの華人系財閥企業は欧米系グローバル・メガブランドの独占的な受託生産・販売を行っている。さらに，外資系企業による地場有名ブランドの買収も積極的に行われている。インドネシアにおける著名ブランドの多くが華人系財閥企業により所有されており，外資系企業はこれらを事業ごと買収する事により，新製品開発とブランド構築の手間を省きつつ流通への参入を図っている。こうした外資系企業によるブランド買収もまた，流通過程におけるプレイヤーの強大化と減少をもたらし，競争を著しく阻害する。

筆者は，本書において，このような外資系企業と華人系財閥企業の結び付きを，"強者同盟"という東南アジア市場に固有の概念として規定してきた。東南アジア（特に同質化が進む先行アジア諸国）において，これら2つの企業群は，連携出来る局面では互いに手を結び，共に地域の流通をコントロールしてきたのである。

7 ● 「バリュー発想」と「独自価値」に基づく流通
─ バリューチェーンの構築 ─

急ピッチで同質化（commoditization）が進展し，さらには外資系企業と華人系財閥企業の2人プレイヤーが強力なパワーを発揮する先行アジア市場に参入するためには，これまでのようなトレーディング（取引）発想によるチャネル構築戦略ではなく，新たな考察枠組みに基づく流通の形成が不可欠となる。そして，本書においては，東南アジアの同質化市場において流通戦略を構築するための新たな考枠組みとして，技術的差別性に基づく「独自価値」と「バリュー発想」の2つを提案してきた。

すでに述べたように，これら2つの考え方は互いに強く結び付いている。本章における「バリューチェーン」とは，「バリュー発想」に基づき形成される，価値と収益を共有するための複数企業の連合体の事である。そして，その「バリューチェーン」の中心には，技術優位性に基づく「独自価値」が常に存在しなければならない。従来の伝統的なチャネル構築ではなく，こうした「バリュー発想」に基づき形成された流通の形こそが，東南アジアの同質化市場参入には不可欠なのである（図表5-2参照）。

　ここで，「バリューチェーン」の内容について，もう少し詳しく見ていきたい。先述のように，「バリューチーム」について理解するためには，従来型の考察枠組みとの対比において考えるのが手っ取り早い。ここでいう従来型の考察枠組みとは，いわゆる「トレーディング」（trading：取引）の考え方の事である。「トレーディング」の考え方によれば，チャネル構築は，ふつう，販路の探索，売価決定（マージンの分配），物流手配，シッピング手続（輸出の場合）等から成る。これら「トレーディング」発想に基づくチャネル構築の各種タスクが，海外におけるマーケティング手段の中でも特にコストがかかるものである事はいうまでもない。単に初期投資コストがかかるばかりでなく，同じマーケティング手段であるプロモーション（広告宣伝）等とは異なり，トライ＆エラー（試行錯誤）のためのコストも膨大なものになってしまう。グローバルな収益ポートフォリオを組める大企業であれば，海外市場適応のための頻繁な試行錯誤も可能かもしれないが，常に戦略的優位性を追求する必要がある中小企業にとっては，海外市場におけるチャネル構築は大きなリスクをともなった企業活動となる。例えば，日本の多くの中小企業や地域企業が海外展開に際して，商社（貿易会社）を活用する理由はそこにある。仮に割高なマージンを支払ったとしても，上記タスクを一括して請け負ってもらう事で，従来型のチャネル構築にともなうリスクは相当回避出来る。こうした伝統的な「トレーディング」の考え方に基づく「チャネル」と「バリュー発想」に基づく「バリューチェーン」を対比させたものが，図表5-2である。

図表5-2　トレーディング発想 vs. バリュー発想

基本的考え方	中心テーマ	活動主体	交渉相手	利益
トレーディング（取引）発想	販売チャネルの構築	輸入業者，ディストリビューター，小売店舗等の各流通主体	直接の購入者[現地ディストリビューター]（卸売業者）	獲得する（流通過程におけるコンフリクトの発生）
バリューチーム発想	バリューチェーンの構築	「独自価値」実現のためのバリューチーム	アライアンス・パートナー（ディストリビューター等）	チームでシェアする

出所：筆者作成。

　この図表の中の下線部を見ていただきたい。「トレーディング発想」に基づく「チャネル」構築の場合も，「バリュー発想」による「バリューチェーン」構築の場合も，現地の有力インポーターや大手ディストリビューターと販売契約を結び，販路を確立する事については，等しく重要である。しかしながら「トレーディング発想」においては，現地インポーターや現地ディストリビューターは，単なる販売者という位置付けに過ぎない。一方，「バリュー発想」における交渉相手は，独自価値実現の協力者であり，独自価値がもたらす利益をシェアする仲間と見なされる。交渉相手とのネゴシエーションの結果，"製品を買わせ"，マージンを巡る"コンフリクトに勝利"し，"より多くの取り分を確保する"というこれまでの考え方ではなく，交渉相手と一緒に独自価値（バリュー）を実現させていくというスタンスが，海外市場における流通の形成には必要なのである。

　すなわち，「バリュー発想」における交渉相手とは，購入者としての「ディストリビューター」（卸売）であると同時に，進出企業の「アライアンス・パートナー」でなければならない。その意味で，バリューチェーン構築というテーマは，ディストリビューター機能の選択，アライアンス・パートナーの確保等の戦略課題とも深く結び付いているのである。[8,9]

1 　本書第2章1節の先行研究において示したように，本書における「バリューチェーン」に関する概念規定は，Porter (1985)，高橋輝男 (2005) に基づく。

2 　田口 (2005) は，"流通イノベーション"の評価基準として，「効率性」と「有効性」の2つを挙げ，その2つの同時達成が"流通イノベーション"の成果であるとしている。さらに，田口 (2016) は，流通イノベーション達成の要素として，①イノベーション推進の担い手である経営者の構想力，②技術的なイノベーション，③小売業態イノベーション，④チャネルにおけるイノベーションを挙げている。

　　本書は，統合的な市場参入戦略について論じており，流通戦略に限定した評価基準は明らかにしていない。しかしながら，本書でいう海外同質市場での「バリューチェーン構築」を，海外市場における"流通イノベーション"と見なす事も可能である。つまり，海外における「バリューチェーン」の構築にも，上記①〜④のイノベーションの要素は重要なのである。そのようには明記はしていないが，本書においては，特に①経営者の構想力，④チャネルにおけるイノベーションの2つを重要視した。

3 　東南アジア市場における「トラディッショナル・トレード」と「モダン・トレード」については，渡辺 (2015) に詳しい。また，佐原・渡辺 (2013) によれば，後行アジア市場であるベトナムにおいても，外資小売の参入等によりモダン・トレードの割合が増加傾向にある。

4 　本書におけるインドネシアを中心とする現地メーカーおよび日系メーカーのディストリビューター管理については，PT.イオン・インドネシアの菓子豊文社長，黒澤邦仁氏，PT.アメルタインダ大塚社（大塚製薬現地法人）の坂東義弘社長に多くのご示唆をい　ただいた。目黒 (2013) 参照。

5 　筆者は，「行き過ぎたパワーコンフリクトがメーカーを疲弊させる」とする流通パワー性悪説に立つ者である。システム改革がなかなか進まない東南アジア諸国の伝統的流通において，ディストリビューターとのアライアンスを核とした「バリューチェーン」の構築は，パワーコンフリクトを超克するための一種の流通イノベーションと見なされる。

　　流通におけるパワーの様態とそのシフトについては，田口 (2005) の知見に負うところが大きい。

6 　ニッセイ基礎研究所のデータによれば，同質化が進む先行アジア市場（下表のシンガポール，マレーシア，タイ，インドネシア）ほど，華人富豪の割合は多い。

[参考] 先行（同質化）アジア市場における華人

	2017フォーチュン 富豪ランキング 1000位以内 (資産10億ドル以上)		1人当たりGDP (USドル)
	合計人数	内華人	
シンガポール	12	11	52,961
マレーシア	7	6	9,360

タイ		9	9	5,899
インドネシア		6	3	3,604
ベトナム		1	0	2,173
（日本）		15	0	38,917

出所：ニッセイ基礎研究所の平賀富一の資料（2017）から抜粋・筆者編集。

7 筆者が2011年に，ベトナムおよびインドネシア日系卸数社に対していったインタビュー調査に基づく。2010年以降，それまで多くの金額を要求してこなかったミドルアッパーおよび富裕層をターゲットとした比較的店舗数の少ないスーパーマーケットにおいても日系メーカーや日系商社に対し多額の棚代を要求するケースが見られ，一層の“非関税障壁化”が進んでいると思われる。いずれにしても，インドネシア参入を目論む日系食品企業への打撃は大きい。その意味からも，小売に対して一定のパワーを発揮出来る大手総合食品企業とのアライアンスは不可欠と思われる。インドネシアにおけるリスティング・フィーに関して，2010年に筆者が行った調査については，下記資料を参照。
　財団法人食品産業センター「インドネシアにおける進出可能性調査」（平成22年農林水産省 東アジア食品産業海外展開支援事業），2011。

8 先行調査に見るインドネシアの食品流通における「アライアンス・パートナー」の選定条件は，次の通りである。「インドネシアにおける進出可能性調査」（2011）によれば，①広範な商・物流，②海外メーカーとの豊富な取引経験，③取扱い商品の明確な棲み分け，④財務状況の安定，⑤日系メーカーをパートナーとして価値創造を行いたいという熱意，が挙げられる。

9 本来，メーカーのバリュー創造（製品価値開発）過程を論じていたPorter（1985）の論考を，市川（1996）は「価値チェーン」という言葉を用いて，流通における垂直的なアライアンスの中に置き換えた。
　市川（1996）の論考は，Porter（1985）の論考と同様古いものであるが，海外市場参入戦略の構築にとっては今なお有用である。

■ 参考文献

・M. E. Porter, *The Competitive Advantage: Creating and Sustaining Superior Performance,* 1985.
・相沢伸広『華人と国家』書籍工房早山，2010。
・市川繁『マーケティング・アライアンス』中央経済社，1996。
・「インドネシアにおける進出可能性調査」（平成22年農林水産省 東アジア食品産業海外展開支援事業），2011。
・川端基夫『日本企業の国際フランチャイジング』新評論，2010。
・佐藤百合「インドネシアの経済危機と体制変革」末廣昭・山影進編『アジア政治経済論』

　　NTT 出版，2001。

・佐原太一郎・渡辺達朗「ASEANにおける小売市場参入・展開に関する研究」『流通情報』
　　No.504，2013。

・高橋輝男『バリューチェーン進化論』流通研究社，2005。

・田口冬樹『体系 流通論（新版）』白桃書房，2005。

・田口冬樹『流通イノベーションへの挑戦』白桃書房，2016。

・松本大地「アジアでのビジネスモデルを確立した「大戸屋」の海外戦略」『SC JAPAN
　　TODAY』1/2月合併号，2012。

・目黒良門「先行アジア市場への参入戦略―インドネシアの食品市場を例に―」『流通情報』
　　No.504，2013。

・渡辺達朗編著『中国・東南アジアにおける流通・マーケティング革新』白桃書房，2015。

第**6**章

バリューチェーン構築に向けた「現地ディストリビューター」の活用

1 ● トレーディング発想に基づく従来型の流通戦略

　本書第１章では，東南アジアのマクロ流通に大きな影響を及ぼす２大プレイヤー（外資系企業および華人系財閥企業）の行動について詳述した。彼らは"強者同盟"ともいうべき連携関係を構築し，東南アジアの流通において，手を携えて，強大な流通上の"パワー"を発揮してきた。では，こうした閉鎖的な流通環境において，新規参入企業はどのように「現地ディストリビューター」を活用すべきであろうか。本章では，下記セオリー４．「バリューチェーン構築に向けた現地ディストリビューターの活用」について詳述する。

【東南アジア市場参入に向けた流通戦略構築のための４つのセオリー】

セオリー１：「参入カテゴリー」と「参入基本戦略」の選択

セオリー２：「製品化手法」の選択

セオリー３：「バリューチェーン」の構築

セオリー４：バリューチェーン構築に向けた「現地ディストリビューター」
　　　　　　　の活用

　筆者は，すでに，新規海外市場に参入する際の考察枠組みとして，「トレーディング発想」と「バリュー発想」の２つを紹介した。これまで多くの新規

図表6-1　トレーディング発想 vs. バリュー発想

	中心テーマ	活動主体	交渉相手	利益
トレーディング（取引）発想	製品の販路開拓のみ	進出メーカー	販売者（購入者）	獲得する
バリュー（価値創出）発想	現地市場における価値の実現	価値実現のためのチーム	価値実現の協力者	チームでシェア

出所：筆者作成。

参入メーカーは，前者「トレーディング発想」に従って，強大なパワー行使者（現地企業）に対して，従来型の流通戦略をもって対峙してきた。あくまで自社の製品特質を最重視し，それに基づき販路設定を工夫（販路選択もしくは特約販路を設置）する事で，狭いながらも流通経路を"見つけ出して"きたのである（図表6-1参照）。

　では，古い考え方（マインドセット）である「トレーディング発想」に基づいた従来型の流通戦略とはどのようなものであろうか。本章においては，従来型の流通戦略の内容を「チャネル選択基準」と「チャネル政策」の2つ段階を踏まえて説明しておきたい。従来からの考え方によれば，メーカーは「チャネル選択基準」に従い，自社の「チャネル政策」を決定する。そして，一般的には「チャネル選択基準」は，メーカーの製品特徴を踏まえて決定される。具体的には，以下の3つである。

〈チャネル選択基準〉
（1）製品単価　（2）製品技術　（3）製品耐久性

　（1）の「製品単価」とは，文字通り価格の事である。「製品単価」が安ければ，より広範な消費者に購入してもらう必要があるので，チャネルは開放的かつ多段階の長いものになる。次に，（2）の「製品技術」についてであるが，一般に，技術が高度な場合は製品のアフターサービスが不可欠となる。しかし，流通ルートが多段階の場合は，メーカーとしても迅速な対応が難しい。従っ

て，技術性の高い製品の場合は，チャネルは短くなるといわれている。選択基準の（3）は製品の耐久性である。賞味期限のある加工食品など製品の耐久性が低い製品は，耐久性が高い製品よりも，チャネルが短くなる。

　次に，これら「チャネル選択基準」を踏まえた個別企業の「チャネル政策」について見てみよう。これまでの考え方に従えば，「チャネル政策」は次の3つに分類される[1]。

〈チャネル政策〉
（1）開放的チャネル　（2）選択的チャネル　（3）特約チャネル

　（1）の「開放的チャネル」は，自社の製品を出来るだけ広範に流通させようとするチャネル政策である。販路の拡大を志向するのであれば，結果として多くの中間流通業者を介在させる事になり，流通ルートは長くならざるを得ない。上述の「チャネル選択基準」でいえば，製品単価が安い場合，製品技術が高度ではない場合，製品に耐久性が備わっている場合に，このチャネル政策が適用される。（2）の「選択的チャネル」は，メーカーの戦略意図に沿って流通業者を選択的に決定しようとする事である。その際のチャネル選択の基準としては，上述の「チャネル選択基準」の他，流通業者の資金力，事業規模，メーカーへの忠誠度などが挙げられる。（3）の「特約チャネル」も，狭い流通ルートを志向するという意味においては，一種の「選択的チャネル」と見なされる。専属販売店あるいは代理店の設置がそれに当たる。

　しかし，繰り返し述べているように，外資系企業・華人系財閥企業の2つの強大な競合プレイヤーが存在し，それらが相互に連携している東南アジアのマクロ流通には，いうなれば，垂直的にも水平的にも激しいコンフリクト（争い）が存在する。いかに入念な流通調査を行ったとしても，チャネル選択に依拠した従来型の流通戦略のみで販路を拡大していく事は容易ではない。そこで，次節では，「トレーディング発想」に基づく従来型の流通戦略ではなく，「バリュー発想」に基づく新しい流通戦略について考察する。

2 ● バリューチェーン構築のためにやるべき事

　東南アジア市場に新規参入し，収益を獲得していくためには，「トレーディング（取引）発想」に基づく従来型の販路構築ではなく，「バリュー（価値）発想」による全社的な販路構築（バリューチェーン）が不可欠である。これを実現するためには，下に挙げた2つの課題に取り組む必要があると筆者は考える。

　1つはバリューの源泉となる「技術的差別性」を発見し，これを消費者に伝達する事である。2つ目は，バリューチェーン構築に向けて，パートナーとなるべき「ディストリビューター」を選択する事である。上記1つ目のうち「技術的差別性」の発見については，市場参入にための基本戦略として，すでに，これまで，セオリー1（参入カテゴリーおよび参入基本戦略の選択），セオリー2（製品化手法の選択）の中で詳述した。ここでは，発見した自社の「技術的差別性を消費者に伝達する」事の重要性について説明したい。

　店舗を含めた流通の形態がどうであれ，市場に製品を流通させ，これを販売するためには，製品のバリュー（価値）を消費者に理解してもらう必要がある。そのためには，企業は，消費者が自社製品に対して現在認識しているバリューや期待しているバリューを正確に把握しなければならない。さらには，自社製品の持つバリューを消費者に伝達しなければならない。そして，消費者が市場において製品のバリューを認識するための指標となるのが，本書でこれまで繰り返し述べてきた製品の「技術的差別性」である。「技術的差別性」とは，企業サイドから見れば製品に備わるべき「独自価値」の源泉であり，消費者側から見ればバリューを認識するための指標という事になる。いい換えれば，「技術差別性」の伝達と実現という点において，「製品戦略」は「流通戦略」と“一体化”しているのである。その意味で，「バリューチェーン」とは，「製品戦略」および「流通戦略」双方の概念を含んだ市場参入のための“統合的戦略”と同義であると考える事も出来る。

写真6-1　インテル製品の搭載を示すシール

　バリュー（価値）の核となる「技術差別性」を消費者（エンドユーザー）に適切に伝達し，グローバル市場参入に成功した事例として，1990年代における半導体メーカー "インテル（Intel）" のケースを見ていきたい。

　「インテル」は，1968年に誕生した米国半導体業界のリーディング・カンパニーである。DRAMやMPUを他メーカーに先駆けて開発・販売し，1970年代には圧倒的シェアを誇っていた。ところが，1980年代になると，DRAM市場においては日本メーカーの大躍進，MPU市場においてはモトローラ社のシェア拡大により，グローバル市場において窮地に陥ってしまう。こうした中，「インテル」は1990年代初頭から，"Intel Inside"（インテル・インサイド）という有名なPC消費者向けプロモーション活動を展開し始めた。これは，「インテル」が直接の顧客であるPCメーカーに対してマーケティング経費を支払い，PCメーカーは自社製品の目立つところに "intel inside" のステッカーを貼付し，消費者向けプロモーション活動を行うというものであった。このメーカーと顧客企業が一体となったプロモーション活動は功を奏し，1992年における "インテル" の売上は前年比63％も増大したのである。[2]

周知の通り，インテルは消費財メーカーではなく，その流通は中間財（あるいは産業財）流通である。とはいえ，インテルの上述の事例は，消費者（エンドユーザー）への「独自価値」の受け渡しという意味において，消費財・産業財流通の垣根を越えて，極めて有用な知見を含んでいる。

　半導体メーカー⇒PCメーカー⇒消費者という商流は，インテルの半導体の「バリューチェーン」であると同時に，消費者に自社の半導体の「独自価値」を認識させるためのコミュニケーションルートでもあった。そこにおいて，PCメーカーというインテルにとっての直接購買者は，「独自価値」の伝達者としての役割を果たしていた。つまり，中間購買者としてのPCメーカーは，インテルがバリューチェーンを構築するためのパートナーであったと考えられるのである。

3 ● インテル（Intel）に見る独自価値の消費者への伝達

　市場同質化が進むグローバル市場への新規参入を成功させるためには，これまでのトレーディング（取引）の発想による販路構築ではなく，バリュー発想に基づくバリューチェーンの構築が不可欠である。そのために，参入企業は，１．バリューをエンドユーザーに伝達する，２．バリュー伝達のためのパートナーを選択する，の２点を確実に実行しなければならない。前節では，上記１．の証左として，インテル（Intel）のケースを取り上げた。インテルは，自社製品の「独自価値」をPCの実際の使用者であるエンドユーザーにダイレクトに伝達する事により，半導体メーカー⇒PCメーカー⇒エンドユーザーという半導体の流通ルートに大きな影響を及ぼし，グローバル市場参入に成功したのである。

　寺本（2004）[3]は，インテルが行った エンドユーザー（最終消費者）向けプロモーションを「間接アプローチ」という言葉で説明している。エンドユーザーへのプロモーション活動は，インテルの半導体を実際に購入するPCメーカーへの流通に影響力を及ぼし，製品そのものの実売に多大な効果を上げた。

従来からある PC メーカーへのコミュニケーションルート（直接アプローチ）に加え，エンドユーザーへのコミュニケーションルート（間接アプローチ）を新たに設置する事により，グローバル市場におけるインテル製品の「独自価値」は今日揺るぎないものになったのである。インテルの販路拡大のやり方は，従来のトレーディング発想に基づくパワー行使の応酬による中間マージンの奪い合いから脱却した，新しい流通戦略ないしは「バリューチェーン」と見なす事が出来るだろう。

4 ●バリューチェーン構築における現地ディストリビューターの位置付け

　それでは，第2節，第3節におけるインテルの「独自価値」を核としたバリューチェーン構築に関する知見を踏まえつつ，バリューチェーン構築に向けた「現地ディストリビューター」の活用について見ていきたい。ディストリビューター活用を成功に導くためのポイントは，以下1～3である。

【バリューチェーン構築におけるディストリビューター活用のポイント】
1．バリューチェーン構築におけるディストリビューターの位置付け
2．バリューチェーン構築におけるディストリビューターの機能
3．ソール・ディストリビューターの効果的な活用

　初めに，1．バリューチェーン構築におけるディストリビューターの位置付けから見ていきたい。ディストリビューター（distributor）とは，日本でいう卸売（もしくは問屋）の事である。日本のように全国規模の大型組織的卸売業がほとんど存在しない東南アジア市場においては，組織的卸売業の多くはローカル市場に根差した中小規模の地域ディストリビューターか，もしくは大型メーカーの販売子会社である。図表6-2は，インドネシア国内の食品流通経路図である。国や商品カテゴリーによって違いはあるものの，東南アジアにおけるディストリビューターは，この図表が示すように，あらゆるタ

図表6-2　インドネシアの食品流通経路

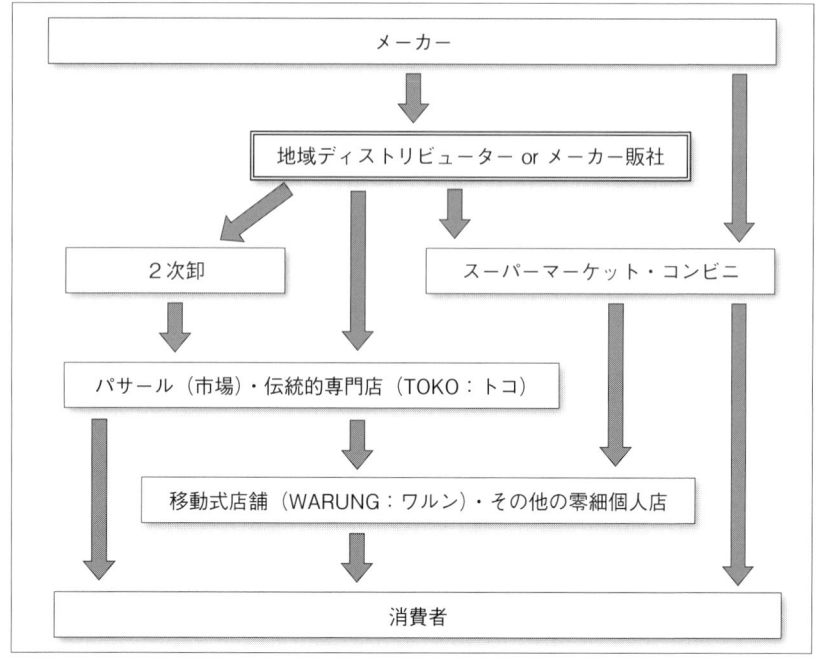

出所：「インドネシアにおける進出可能性調査」（平成22年農林水産省東アジア食品産業海外展開支援事業），2011より抜粋。現地でのヒアリングにもとづき筆者作成。

イプの商流を束ねる木の幹のような存在である。確かに，一部の地場大手メーカーは高級食品スーパーを相手に小売直取引を増加させ，インターネットを介したBtoB，BtoC取引もますます活発化しつつある。とはいえ，大型組織的卸売業の少ない東南アジア市場において，ディストリビューターが果たす役割は，伝統的流通・近代的流通を問わず，未だ大きいのである[4]。

　では，東南アジア市場参入を目指す日本企業は，これらディストリビューターを参入戦略上どのように位置付けるべきなのか。本書でこれまで繰り返し述べたように，東南アジア市場における競争状況は，"強者同盟"および"同質化"という言葉で特徴付けられる。巨大な「華人系財閥企業」はその傘下に様々な形態のディストリビューターを抱え，同時に外部の地域ディストリ

図表6-3　バリュー発想によるチームの形成

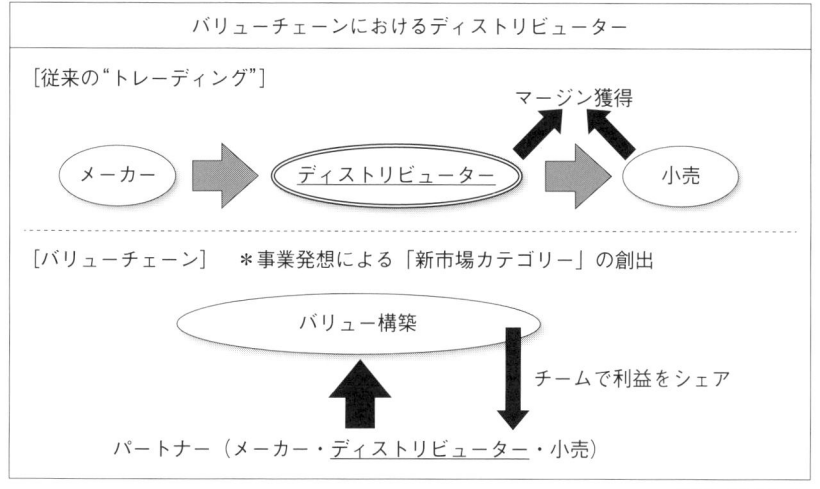

出所：筆者作成。

ビューターにもそのパワーで大きな影響力を発揮してきた。また，それら華人系財閥は，やはり多くのディストリビューターに影響力を発揮する「外資系企業グループ」と"強者同盟"とも呼べる連携関係を築き，手を携えて流通を支配してきた。筆者が常々指摘してきたように，こうした地場財閥系と外資系の2大プレイヤーの連携は，東南アジア市場（特に，成熟化が進む先行アジア諸国の市場）に，市場寡占による同質化をもたらした。その結果，東南アジア市場参入を図る日本企業は，マーケティングコストと流通開拓コストという2つ大きなコスト負担に常に直面する事になったのである。

　こうした成熟市場において新たなバリューを創出するためには，従来型のトレーディング発想に基づいて，ディストリビューターを単なる"中間流通業者"もしくは"卸問屋"と位置付けるべきではない。共にバリューチェーンを構築し，利益をシェアするためのアライアンス戦略上のパートナーと見なすべきなのである。すなわち，新規参入企業は，東南アジアの各市場で覇権を握る「現地ディストリビューター」や大手メーカー系列の「販社」を自分達のチームの一員（バリューチェーンの一部）と位置付け，活用する事が

不可欠なのである。

5 ●バリューチェーン構築におけるディストリビューターの機能

　前節では，バリューチェーンを構築するためのディストリビューター活用のポイントを３つ挙げ，１番目のポイントである「バリューチェーンにおけるディストリビューターの位置付け」について明らかにした。同質化市場においてバリューチェーンを構築するに際しては，ディストリビューターを従来型のいわゆる“卸問屋”としてとらえるべきではなく，参入企業の“パートナー”と見なす事が不可欠となる。

【バリューチェーン構築におけるディストリビューター活用のポイント】
1．バリューチェーン構築におけるディストリビューターの位置付け
2．バリューチェーン構築におけるディストリビューターの機能
3．ソール・ディストリビューターの効果的な活用

　こうしたパートナーシップ戦略の視点に基づき，ここでは，バリューチェーン構築におけるディストリビューター活用の２つ目のポイントである「バリューチェーン構築におけるディストリビューターの機能」について考えてみたい。海外市場においてバリューチェーンを構築しようとする企業が流通戦略を考える場合，まずは流通を機能面から把握する事が重要である。そして参入企業にとっての流通機能は，「ソール・ディストリビューター機能」と「マルチ・ディストリビューター機能」に分けられる。「ソール・ディストリビューター機能」とは，メーカーが特定のディストリビューター１社に独占的に流通機能を担わせる事である。これに対し，「マルチ・ディストリビューター機能」とは，メーカーが複数のディストリビューターをカテゴリー別・地域別に併用する事である。

　「マルチ・ディストリビューター機能」のメリットは，商流・物流を１社に

現地ディストリビューターをパートナーとしてバリューチェーン
を構築する事が流通コントロールには不可欠である（筆者撮影）。

依存するリスクを避け得るという点にある。しかし，取り扱いカテゴリーや基盤とする地域の異なる複数のディストリビューターを同時にマネジメントしなければならず，交渉コストや業務コストは必然的に増大する。これに対し，「ソール・ディストリビューター機能」を用いれば，1社に流通を担わせる事が可能になるため，販路管理のためのコストは軽減出来る。しかし一方で，販路を1社に依存するリスクは存在する。ソール・ディストリビューターのメーカーに対する発言力が増大し，販路選択やマーケティング施策の計画・実施，あるいは製品戦略に至るまで，彼らの意向を優先させざるを得ないというケースも出てくる。さらには，仮にソール・ディストリビューターの売上が芳しくない場合，販路拡充のための選択肢が無くなってしまうという事態にもなりかねない。

　さて，東南アジアにおいて，マルチ・ディストリビューター機能を担う流通業者の多くは，地域的な営業・物流基盤を持つ中小規模の地域（ローカル）

卸売業者である。さらに，それらの中小地域卸売業者は，全国規模のメーカー系列ディストリビューター（いわゆる販社）とは異なり，メーカーから独立の経営基盤を持つ"インディペンデント（独立）・ディストリビューター"である。

インドネシアの食品・日用品の流通を例に挙げると，「マルチ・ディストリビューター機能」を採用する幾つかの著名外資系企業（日系企業を含む）は，通常，300〜400にも達するインディペンデント・ディストリビューターに商流・物流機能を担わせている。インドネシアを代表する欧米系食品企業ユニリーバ社へのヒアリングによれば，モダン・トレードについては自社専属営業チームが直接営業を行うが，トラディッショナルな市場に関しては，地域セールスオフィスが管轄する約400の地域の中小ディストリビューターを活用するという事である。また，現地の大塚製薬（PT.アルメタインダ大塚）では，数百名の規模の営業部隊（2名1チーム）が地域ディストリビューターに対する販路拡大・販路管理を行っており，これも"マルチ・ディストリビューター機能"の採用による流通戦略と見なす事が出来る[5]。

6 ●ソール・ディストリビューター機能を活用する上での問題点

次に，バリューチェーン構築のためのディストリビューター活用ポイントの4番目，「ディストリビューターの活用タイプ分け」について述べてみたい。前節では，海外市場におけるディストリビューター機能を特定のディストリビューターが参入メーカーの流通機能を排他的に担う「ソール・ディストリビューター機能（sole distributor system）」と現地複数ディストリビューターが地域ごとに商・物流を担当する「マルチ・ディストリビューター機能（multi-distributor system）」に二分した。

今日，海外市場において新しい消費価値のビルドアップを考える多くの日系メーカーは，ソール・ディストリビューターをパートナーに選び，バリューチェーンの構築を目指す傾向にある。戦略的に考えれば，全国もしくは海

外にまで拡がる広範な販路を有し，なおかつ大きなパワーを持つ有力なソール・ディストリビューターをパートナーに選べば，地域ごとに複数の中小ディストリビューターを選択・管理するよりも流通コストは遥かに軽減出来るからである。

　それでは，東南アジア市場において「ソール・ディストリビューター機能」としての務めを果たし得るパートナーとはどのような企業であろうか。ここでは，食品市場を例に見ていきたい。日系メーカーがバリューチェーン構築に向けてパートナーを選ぶ際の 最も重要な基準が販売力である事はいうまでもない。いかに，現地においてブランド力があったとしても，拡く強固な販路を自前で所有していなければ，日系メーカーのパートナーとは成り得ない。加えて，日系メーカーと一緒に製品を現地市場に適応化させる力（いわば，製品開発力もしくは製品適応力）も不可欠となる。東南アジアの食品市場において，こうした全国的な販売力と製品開発力を備えた安定企業は限られている。そして，それら有力企業のほとんどが，川上（調達・製造）から川下（小売）までのトータルなプロセスを自社内に所有し得る"大手総合食品企業"なのである。こうした"大手総合食品企業"の多くは華人財閥系であり，製造部門，流通部門（あるは小売部門）を別企業としてそれぞれのグループ内に所有している。例えば，菓子販売のカテゴリーにおいて，近年（2000年以降）になって結ばれた日系メーカーとインドネシア総合食品企業のパートナーシップは以下の通りである。これら現地企業のすべてが財閥系というわけではないが，ほとんど「投資機能」（あるいはオーナーの個人企業としての投資会社）「製造機能」「流通機能（販売なしは小売機能）」を別企業として所有する華人糸の大手食品グループである。

●明治製菓

パートナー：Petra Foods Limited

合弁企業：PT. Ceres Meiji Indotama

出資比率：明治製菓50％，Petra Foods Limited 40％

●森永製菓

パートナー：PT. Kinosentra Industrindo社のオーナーである Mr. Harry Sanusi および Mr. Harris Sanusi

合弁企業：PT. Morinaga Kino Indonesia

出資比率：森永製菓株式会社51%，Mr. Harry Sanusi および Mr. Harris Sanusi が49%

●カルビー

パートナー：Wings Group

合弁企業：PT. Calbee-Wings Food

出資比率：カルビー（90%）と伊藤忠（10%）の出資で設立されたSPCが50%，Wings groupが50%

●江崎グリコ

パートナー：Wings Group

合弁企業：PT. Glico-Wings

出資比率：江崎グリコ株式会社50%，Wings Groupの投資会社PT. Mitrajaya Ekapranaが50%

図表6-4　インドネシアにおける主要な "大手総合食品グループ"

出所：「Global blog〜世界の社窓から〜」より抜粋。

では，「ソール・ディストリビューター機能」を選択し，特定の現地企業に流通を担わせる場合の問題点とはどのようなものであろうか。前節において若干触れたが，筆者は2つのリスクが存在すると見ている。1つは，販路を1社に依存するリスクである。販路を1社に限定する事により，ソール・ディストリビューターのメーカーに対する発言力が増大し，販路選択やマーケティング施策の計画・実施，場合によっては製品戦略に至るまで現地パートナー（すなわち相手先ディストリビューター）の意向を優先させざるを得ないというケースが起こり得る。また，パートナー候補となる多くの東南アジアの財閥系企業は，当然，製造部門を同一企業グループの中に有しており，それら中には日系進出メーカーのブランドと競合するものが必ず存在する。その場合は，販売プロセスにおいて，現地パートナーの所有するブランドと参入を図る日系ブランドがカニバリゼーション を惹き起こし，結果として日系メーカーの製品が現行商品ラインの補完的な位置付けに追いやられてしまうケースも出てくる。これらの点が，有力なソール・ディストリビューターと「バリューチェーン」を構築する場合のリスクである。

■注

1　本章におけるチャネル・タイプおよびその選択基準は，田口（2005）を参考にしている。

2　インテルの商物流および情報流通が一体となった「独自価値」伝播の戦略については，Tim Jackson（1997）に詳しい。

3　寺本義也（2004）のインテルに関する論考をベースに，筆者は目黒（2011）において，製品・流通・プロモーションを統合した新しい"流通戦略"を提唱した。

4　インドネシアの流通におけるモダン・トレードの割合は，コンビニエンスストアの店舗増加を背景に急増している。しかしながら，モダン・トレードおよび伝統的流通を含めた流通構造全体に，大きな変化は見られない。掲載した図表は，筆者が農林水産省委託調査を2009年に行った際の小売・卸（ディストリビューター）への聞き取り調査をもとに作成したものである。
　　インドネシアの食品流通構造については，目黒（2012）にも詳しい。

5　2010年に，筆者が「ユニリーバインドネシア」本社においていったインタビュー調査に基づく。調査の全体概要については，「インドネシアにおける進出可能性調査」，2011を参照。

■ 参考文献

・Tim Jackson, *Inside Intel*, HarperCollins, 1997.
・生田目崇・須藤憲之 「日系大型流通チェーン企業のアジア進出：シンガポールへの進出事例を中心に」『専修ビジネス・ビュー』第6巻1号，2011。
・「インドネシアにおける進出可能性調査 」（平成22年農林水産省 東アジア食品産業海外展開支援事業），2011。
・黄 磷「海外市場参入の理論展開」『流通研究』 2巻1号，1999。
・川端庸子「海外流通の動き インドネシアの流通構造と戦略：消費動向の変化と規制緩和」『流通とシステム』No.171，2017。
・白石善章・鳥羽達郎「小売企業の総合型業態による海外戦略：ウォルマートの海外展開を通じて」『流通科学大学論集 流通・経営編』，2003。
・高田英亮「流通チャネルの選択と構造的進化：ケイパビリティ・ICT・アーキテクチャー戦略・取引費用」『三田商学研究』Vol.49，No.7，2007。
・田口冬樹『体系 流通論（新版)』白桃書房，2005。
・寺本義也「生産財企業におけるコーポレートブランド戦略の本質」経営品質学会 研究発表大会資料，2004。
・目黒良門『戦略的マーケティングの思考』学文社，2011。

第7章

戦略インプリケーション

　経済成長にともなう市場の成熟化，および外資系企業と華人系財閥企業の2大プレイヤーの連携により急速に同質化が進む東南アジア市場において，日本企業はいかなる流通戦略を構築し，市場参入を図るべきか。本書におけるこれまでの論考をもとに，本章では「まとめ」として，幾つかの戦略インプリケーションを提示したい。

　本書では，その冒頭において，チャネル支配力を巡っての垂直的なコンフリクトに特徴付けられる「トレーディング（取引）発想」ではなく，製品の「技術的差別性」に基づく「独自価値」をチームの力で実現しようとする「バリュー（価値）発想」による流通戦略を提案した。そして，東南アジア市場，特に「先行アジア市場」における「独自価値」を核とした「バリューチェーン」の有効性と実現に向けての条件を示した。

　東南アジア市場参入を志す日本のメーカーは，「技術的差別性」に基づく「独自価値」を担保に，有力な「ソール・ディストリビューター」との間で，「バリューチェーン」を構築しなければならない。その「バリューチェーン」は，2者（参入メーカーと現地ディストリビューター）の間の "バイラテラル" な補完関係に基づくものである。すなわち，それは，参入メーカーと現地ディストリビューターの間の「技術的差別性」と「販路開拓」のバーター

図表7-1　東南アジアの同質化市場に参入するための戦略インプリケーション

<u>参入カテゴリーと参入基本戦略の選択</u>
　　提言1：独自価値に基づく新市場カテゴリーの創出

<u>製品化手法の選択</u>
　　提言2：統合化アプローチと個別適応化アプローチの使い分け

<u>バリューチェーンの構築</u>
　　提言3：現地ソール・ディストリビューターとの協業による独自価値実現

<u>現地ディストリビューターの活用</u>
　　提言4：参入メーカーの「技術的差別性」と現地ソール・ディストリビューターの「販路＋製品適応力」との『相互補完関係』を構築

出所：筆者作成。

取引を条件とするものなのである。

　こうした東南アジア市場参入のための「バリューチェーン」は，本書で示した4つの"セオリー"を実現する事で完成する。いわば，4つのセオリーとは，上記「バリューチェーン」を構築するために必要欠くべからざる要素なのである。これら4つのセオリーをインプリケーションとして列挙したものが，図表7-1である。これらは，個別にインプリケーションとして示されてはいるが，まとめて市場参入のための基本戦略と見なす事も出来得る。

　以下，順を追って見ていきたい。

【戦略インプリケーション1】　独自価値に基づく新市場カテゴリーの創出

　本書では，東南アジア市場において地域別・カテゴリー別の参入領域を決めるに際し，参入市場を市場発展度合い（市場の外部環境）と自社の所有する「技術的差別性」の2つの軸でポジショニングを行った。そこで得られた各市場ポジションにおいて，中間層以上が大きな購買力を持ち得るのは，いうまでもなく「先行アジア市場」である。しかし同時に，この市場は，近年急速な同質化に見舞われている。

図表7-2　同質化市場に向けた新たな参入戦略

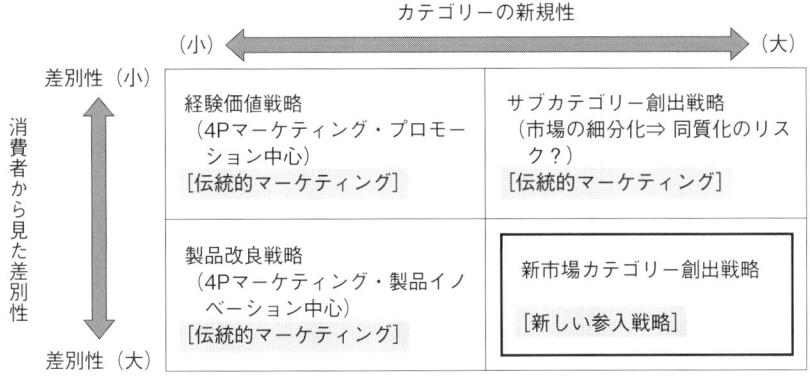

出所：恩蔵直人『コモディティ化市場のマーケティング論理』2007に加筆。

　反同質化（anti-commoditization）の理論に従えば，こうした同質化市場において需要を創出するためには，市場カテゴリーとしての新規性と消費者パーセプション（受容）上の差別性が不可欠となる。そうした市場ポジションにおいて力を発揮するのが，新しい参入戦略としての「新市場カテゴリー創出戦略」に他ならない（図表7-2参照）。

　「新市場カテゴリー創出戦略」においては，新市場を形成するための参入企業の「独自価値」が不可欠である。また，「独自価値」を形成するためには，参入企業が製品やサービスに関する「技術的差別性」を所有していなければならない。さらに，「独自価値」は，市場での差別性に加え，消費者に対して感覚的価値である「先行性イメージ」を植え付ける役割も果たす。

　参入企業が持つ独自技術は必ずしもグローバル・レベルのトップにある必要はない。絶対的差別性は必要なく，あくまで当該市場において差別性を発揮し得るだけの相対的差別性を有していれば良い。もう1つ，現地開発・生産におけるオーバースペックの回避という意味からも，技術の相対的差別性の見極めは重要になる。

　では，同じ東南アジア市場でも，発展の歩みが遅く，未だ同質化していな

い未同質化カテゴリーが多い国においてはどのような参入戦略が有効だろうか。そのような市場においては，従来型のマーケティング戦略をベースとする「製品イノベーション戦略」が適切と考えられる。未だ同質化が起こっていないそれら市場には，同質化市場ほど多くの競合メーカーがおらず，また市場カテゴリーにおける技術水準も未だそれほど高くはない。そうした未同質化市場において「新市場カテゴリー」を開発する事は，場合によっては参入企業の"過剰な適応活動"あるいは"オーバースペック"を招く恐れもあるからである（図表7-3，7-4参照）。

図表7-3　先行アジアにおける「新市場カテゴリー創出戦略」

同質化市場（先行アジア市場）における参入戦略

	● 技術的差別性 なし ● ブランド力 なし	● 技術的差別性 あり	● 自国内ブランド力 あり
先行アジア（同質化カテゴリー中心）	×差別化困難	◎新市場カテゴリー創出によるバリューチェーン構築	◎コア・ターゲット向けプロモーション戦略
後行アジア（未カテゴリー中心）	×差別化困難	◎製品イノベーションによるバリューチェーン構築	

出所：筆者作成。

図表7-4　後行アジアにおける「製品イノベーション戦略」

未同質化市場（後行アジア市場）における参入戦略

	● 技術的差別性 なし ● ブランド力 なし	● 技術的差別性 あり	● 自国内ブランド力 あり
先行アジア（同質化カテゴリー中心）	×差別化困難	◎新市場カテゴリー創出によるバリューチェーン構築	◎コア・ターゲット向けプロモーション戦略
後行アジア（未カテゴリー中心）	×差別化困難	◎製品イノベーションによるバリューチェーン構築	

出所：筆者作成。

【戦略インプリケーション２】 統合化アプローチと適応化アプローチの使い分け

海外市場に適応するための製品化（あるいはサービス創出手法）には，複数の標的に対して出来るだけ限定的な手段で適応を図り，優位性を得ようとする「統合化アプローチ」と，複数の標的それぞれに異なる手段で適応を図り，より広い市場を獲得しようとする「個別適応化アプローチ」の対照的な２つの手法がある。

それぞれの手法にメリットとデメリットがあるが，突き詰めて考えると，両者の考え方の違いの根本にあるには，"優位性（advantage）"を追求するか，あくまでフルラインの製品戦略にこだわり"市場への完全適応"を目指すかの相違である。

製品化手法については，これら２つのやり方のどちらかだけを実行し続けるのではなく，市場を取り巻く環境の変化や企業の「戦略的意図」（戦略の根本をなす考え方）の変化に応じて，その都度手法を替えていく柔軟さが不可欠である。本書においては，ユニクロにおける戦略的意図の変化と製品化手法の転換について説明した。また，参入企業によっては，ターゲットに合わせて，「統合化アプローチ」による製品化と「個別適応化アプローチ」による製品化を組み合わせる方法を採る場合もある。

【戦略インプリケーション３】 現地ソール・ディストリビューターとの協業による独自価値実現

すでに述べたように，東南アジア市場に参入しようとする企業は，"相対的な"技術的差別性をテコに「新市場カテゴリー創出」を図らねばならない。そこにおける流通戦略は，従来のような，流通マージンを巡る垂直型コンフリクトを発生させるものではなく，新しいバリュー（価値）を創出するためのチーム（バリューチーム）を中心としたものとなる。

こうした海外市場における新しい流通戦略を，本書では「バリューチェーン」と呼ぶ。そして，そうした「バリューチェーン」において販売を担うデ

図表7-5　現地ソール・ディストリビューターとのバリューチェーン構築

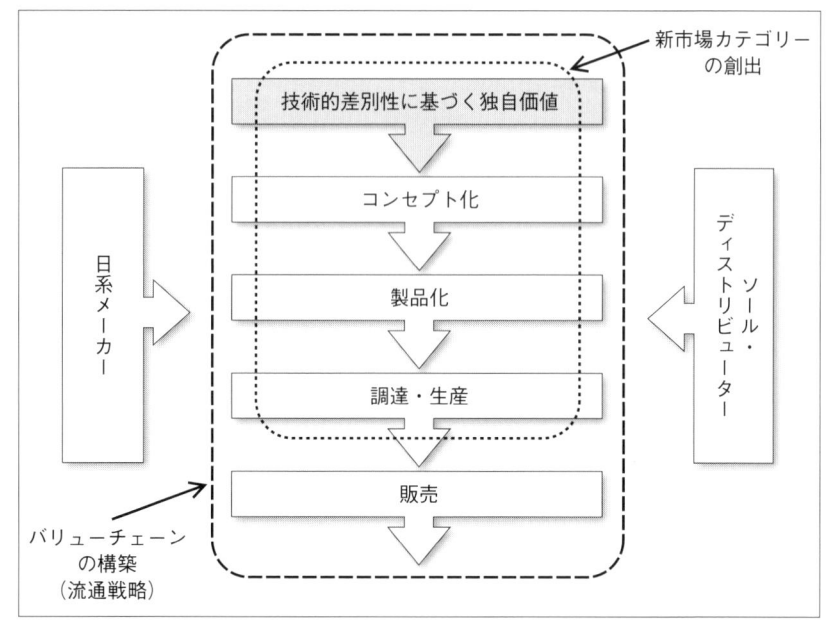

出所：筆者作成。

ィストリビューターは，これまでのような単なる卸ではなく，バリュー（価値）を共に創るためのパートナーと見なされる。

　また，通常，海外市場において中間流通機能を担うディストリビューターは，いわゆる"総代理店"に近い形で，ほぼ独占的に参入企業の製品を取り扱う「ソール・ディストリビューター」と，"相乗り代理店"の形で他の卸と一緒にディストリビューション業務を担う「マルチ・ディストリビューター」に分けられる。東南アジア市場に参入しようとする日本のメーカーは，流通コストの軽減，質の高い製品開発力の確保，より広い販路の確保等に鑑み，大きなパワーを持つ現地の有力ディストリビューターに「ソール・ディストリビューター」としての機能を担わせ，「新市場カテゴリー創出」のためのバリューチェーンを構築すべきである（図表7-5参照）。

【戦略インプリケーション4】「技術的差別性」と「販路＋製品適応力」 との"相互補完関係"（バーター）構築

　それでは，「新市場カテゴリー構築戦略」において，パートナーとして現地の有力な「ソール・ディストリビューター」を選択した場合の注意点とは何であろうか。そこには，戦略上の2つのリスクが存在する。1つは販路を1社に依存するリスクである。販路を1社に限定する事により，相手国市場への参入戦略の全般にわたり現地パートナー（ソール・ディストリビューター）の意向に従わざるを得ないというケースが起こり得る。また，パートナー候補となる多くの東南アジアの財閥系企業は，当然，メーカー部門を同一企業グループの中に有しており，それら中には日系進出メーカーのブランドと競合するものが存在するケースが多々ある。そうした場合に，参入を図る日系メーカーの製品が現地パートナー（ソール・ディストリビューター）の現行商品ラインの補完的な位置に追いやられてしまうケースも起こり得る。バリューチェーンを形成するための"対等な"パートナーシップといいながら，流通と製品開発をパワーのある有力な現地ディストリビューターに完全に握られてしまえば，参入企業の戦略は成り立たなくなる恐れがある。

　こうしたリスクに対応するため，筆者は，本書を通して，参入企業と現地ディストリビューターの間の"バイラテラル"な補完関係を提唱したい。すなわち，日本の参入メーカーが所有している「技術的差別性」と，参入先市場の有力なソール・ディストリビューターが持つ「販路開拓力」あるいは「（現地市場に適応した）製品開発力」とのバーター（交換）取引を行うというものである。そのためには，東南アジア参入を志す日本企業は，自社技術（製造技術ならびに製品機能）の棚卸を行い，これを資産として保持しつつ，パートナーシップに臨む事が求められるのである。

第8章

東南アジアの同質化・未同質化市場への参入ケース

―現地日系企業でのインタビュー調査をもとに ―

1 ● 「新市場カテゴリー創出＋バリューチェーン構築」 型の市場参入

敷島製パン株式会社のケース（1）―統合化アプローチと個別適応化アプローチの組み合わせ―

"新市場カテゴリー創出"の例として，ここでは，インドネシアにおける「敷島製パン」（日本でのブランド名は「Pasco」）のケースを取り上げる。敷島製パンについては，すでに第2章3節においても触れたが，ここでは「新市場カテゴリー創出型」の成功事例について，筆者自身が行った現地での企業インタビューをもとに詳述する。

　敷島製パン株式会社は，1995年に，日系商社「双日」の仲介により，インドネシアの財閥グループ「サリム」との合弁企業「ニッポン・インドサリ・コルビント」を設立した。サリムはインドネシア最大の総合食品企業「インドフード」を有する華人系財閥である。ニッポン・インドサリ・コルビントの出資比率は，サリムが80％，双日が10％，敷島製パンが10％であった。新製品（食パンおよび菓子パン）のブランド名は，「SARI ROTI」（サリ・ロティ）である。「SARI ROTI」（サリ・ロティ）の売上は極めて好調で，2ケタ成長を続けおり，2014年の売上は1兆8,802億ルピア，純利益1,885億ルピアに達している。また，2014年において，スラバヤ，チカラン，メダン，スマランなど10工場を有している。ニッポン・インドサリ・コルビント社は，2010

年6月に，インドネシア株式市場に上場（IPO）を果たした。

　まず初めに，インドネシアの敷島製パンにおける製品化手法から見ていきたい。インドネシアにおける敷島製パンの製品化の特長は，「統合化アプローチによる製品」と「個別適応化アプローチによる製品」を明確に区別し，現地顧客層および顧客ニーズに合わせてそれら2つを組み合わせた製品化手法を実践している点にある。

(1) 敷島製パンにおける「統合化アプローチ」

　「統合化アプローチ」による製品化を成功させるためには，技術的差別性を核とした独自価値の創出が不可欠となる。敷島製パンの参入以前には，インドネシアには食味の良い食パン（ホワイト・ブレッド）を安定的に大量生産する技術は存在していなかった。敷島製パンは，これまでインドネシアの市場になかった独自価値を有する市場カテゴリーとして，食パンの生産をスタートさせた。こうした同社の「新市場カテゴリー創出戦略」は，日本（本国）での経験と技術を生かしつつ，本社主導で進められた。そこにおけるディストリビューター（インドフード社）の役割は，パッケージ決定，販路開拓（ナショナル・ディストリビューター体制の構築），物流確保等であった。

　同社のインドネシアにおける事業会社であるニッポン・インドサリ・コルビント社の製造責任者（同社チカラン工場の製造責任者）によれば，同社設立以前のインドネシアにおいては，「Swanis」「Maxim」といったブランドが存在し，食パンの製造・販売を行っていた。[2] しかし，それらの企業もソフトで味の良い食パンを大量生産する技術を有してはいなかった。統合化アプローチによる製品である食パン（ホワイト・ブレッド）の製造技術は，上述のように，すべて日本の敷島製パンから導入され，製品開発も日本側主導で行われた。食パンの製造は大まかに，ミキシング（原料の混ぜ合せと捏ね）⇒発酵⇒焼きというプロセスを経て行われるが，インドネシアの食パン製造技術と日本（敷島製パン）の食パン製造技術の最も重要な違いは「ミキシング

写真8-1 統合化アプローチによる製品

Sari Rotiの食パン。ジャカルタ市内のミニマート（筆者撮影）。

（原材料混ぜ合せ）」にあるという。そして，ミキシング技術の優劣により，食パンのソフト感に大きな違いが出るという。そこで，原材料の仕込み工程と焼き工程に関しては，事業立ち上げ後4年間は数名の日本人技術者が工場に常駐し，徹底的な技術指導が行われた。現在では，ニッポン・インドサリ・コルビント社は，日本の敷島製パンが製造するものとほとんど同一品質のパンを製造している。

(2) 敷島製パンにおける「個別適応化アプローチ」

一方，「個別適応化アプローチ」による製品としては，ロールケーキ等の菓子パン（スウィートブレッド），詰め物（フィリング）が入った調理パンが挙げられる。インドネシア人は消費者セグメントに関わりなく，甘いパンや調理パンを非常に好む。敷島製パンの説明によれば，これらの製品については，製品開発はすべて現地パートナーであるインドフード主導で行われており，徹底した味の現地化が図られている。

上記，ニッポン・インドサリ・コルビント社チカラン工場の製造責任者に

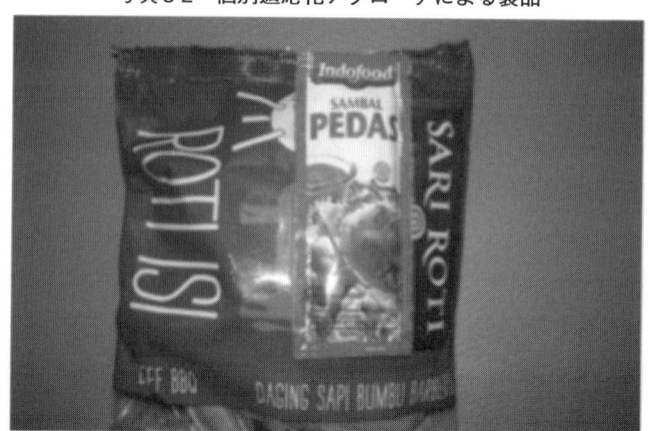

牛肉を調理した詰め物が入っているSari Rotiのパン。提携先であるインドフード社の調味料とのジョイントキャンペーン。
ニッポン・インドサリ・コルビント社　チカラン工場のサンプル（筆者撮影）。

よれば，これらの製品カテゴリーについては，通常，製品開発段階からインドネシア側が深くコミットする。特に，詰め物については，現地の味覚に完全にフィットしていなければならず，日本側の提案する新製品プランが却下される事も少なくない。例えば，過去に，日本側（敷島製パン側）の提案により，メロンパンやあんパンの生産・販売が検討されたが，現地消費者の味覚に合わないという事で，製品化は見送られた。

2 ●「新市場カテゴリー創出＋バリューチェーン構築」型の市場参入
敷島製パン株式会社のケース（2）　―相対的な技術的差別性―

今日の日本においては，食パン（いわゆる四角に切って袋詰めされたホワイト・ブレッド）というカテゴリーは，すでに成熟期を迎えている。製品は同質化傾向にあり，大手食品企業は多大なマーケティングコストを費やし，製品・ブランドのイノベーションおよびプロモーション競争にしのぎを削っている。しかしながら，敷島製パンが参入する以前のインドネシアには，食パ

写真8-3　スーパーの店頭で

ジャカルタ市内（筆者撮影）。

ンを安定的に大量生産する事が出来る食品企業は存在していなかった。敷島製パンのインドネシアにおける事業会社であるニッポン・インドサリ・コルビント社の製造責任者（同社チカラン工場の製造責任者）によれば，同社設立以前のインドネシアには，幾つかのパンのブランドが存在し，大都市部を中心に食パンを生産していた。だが実際には，それらの企業がソフトで味の良い食パンを全国向けに量産する事は，技術的に不可能であった。

　本書において繰り返し述べてきたように，“先行アジア”であるインドネシアの食品市場は，華人系財閥（食品）企業および外資系企業の“強者同盟”によってコントロールされており，多くのカテゴリーが深刻な同質化に直面している。市場の細分化，製品とブランドの改良，プロモーション諸施策，それらを繰り返し行う度に，マーケティングコスト負担は増加し，参入企業の収益は悪化の一途を辿る。繰り返しになるが，そうした同質化市場に参入する場合に最も有効な戦略が，「新市場カテゴリー創出型のバリューチェーン構築」なのである。そして，それを行うためには，参入企業の“相対的”な「技術的差別性」に基づく参入企業の「独自価値」が不可欠となる。

　敷島製パン（株）が東南アジアの食品市場に参入しようとした時，インドネシアにおける食パンはまさに新規性の高い「新市場カテゴリー」であり，同時に同社が“相対的”な「技術的差別性」を十分に発揮出来るカテゴリーだったのである。

　では，敷島製パン（株）が持っていた“相対的”な「技術的差別性」とは

何か。同社のインドネシア事業においては，食パン（ホワイト・ブレッド）の製造技術はすべて日本の敷島製パン本社から導入され，製品開発も日本側主導で行われた。食パンの製造は大まかに，ミキシング（原料の混ぜ合せと捏ね）⇒発酵⇒焼き，というプロセスを経て行われる。インドネシアの食パン製造技術と日本（敷島製パン）の食パン製造技術の最も重要な差別性はミキシング（原材料混ぜ合せ）工程にあるという。そして，ミキシング技術の優劣により，食パンのソフト感（食感）に大きな違いが出るという。そこで，原材料の仕込み工程と焼き工程に関しては，事業立ち上げ後の数年間は日本人技術者が工場に常駐し，徹底的な技術指導が行われた。現在では，ニッポン・インドサリ・コルビント社は，日本の敷島製パンが製造するものとほとんど同一品質の食パンを製造している。

「SARI ROTI」（サリ・ロティ）のインドネシアの食パン市場におけるシェアは，増大の一途をたどり，パンの日産能力は約400万個となっている[4]。コンビニで手軽に買える美味しい「SARI ROTI」の食パンはもはやインドネシア消費者の食生活に欠かせない。技術的差別性の（企業内部における）発見，そして「新市場カテゴリー」の創出により，敷島製パン（株）がインドネシア食品市場における「先行性イメージ」の獲得に成功した結果である。

3 ● 「新市場カテゴリー創出＋バリューチェーン構築」型の市場参入
敷島製パン株式会社のケース（3）―ディストリビューターの活用―

すでに述べたように，敷島製パンは，同質化が進むインドネシア食品市場に高品質の食パンを安定生産する技術を導入する事により，"袋詰めされたホワイト・ブレッド"という「新市場カテゴリー」を創り出した。さらに，同社の現地における食パンブランド，サリ・ロティ（Sari Roti）は，先行性イメージを確立する事に成功した。しかし，敷島製パンはこうした技術的差別性によってのみ，インドネシア進出を成功させたわけではない。技術的差別性に関連して，同社の成功のカギとなったのが，現地における「パートナー

写真8-4　インドフード社の展開するミニマート　『インド マレット』

シップ」である。

　技術的差別性を備えた企業が東南アジア市場にアプローチする場合，残された大きな課題が，「販路構築」と「製品の現地適応化」の2つである。すでに見てきたように，インドネシア・マレーシア・タイといった成熟した先行アジア諸国においては，販路は外資や華人系財閥企業により独占されており，既存の中間流通業者を使っての販路構築には多大なコストがかかる。また，各国・各地域が独自の生活習慣を持つ東南アジアにおいてボリュームゾーンである中間層を狙うためには，製品の現地適応化（ローカライゼーション：localization）が欠かせない。これらの課題に低リスクと低コストで対応するためには，自前の販路と製品適応力を持つ地場メーカーと連携する事が最も望ましい。いい換えれば，東南アジアの成熟市場において，独自カテゴリーを構築し，さらにはそれを実際の売上と収益に結び付けるためには，地場メーカーとの「パートナーシップ」が不可欠なのである。

　以上を踏まえた上で，敷島製パンはインドフード社をパートナーに選び，同社と食パン製造のための合弁企業を設立した。インドフード社はインドネシ

ア最大の総合食品企業であり，同国を代表する華人系財閥サリム・グループの重要なメンバーでもある。国内最大級の小売チェーンであるインドマレットを所有し，圧倒的な流通上のパワーを誇っている。一方で，有力食品メーカーとして，即席めんの「ハオハオ」（Hao Hao）など，同国を代表する食品分野のナショナルブランドを数多く製造している。上述した「販路構築」「製品の現地適応化」という2つの課題を克服し，確実に売上実績を上げるためには，理想的なパートナーといって良い。現に，インドネシア市場進出を目論む多くの日本の食品企業がインドフード社にアプローチし，その幾つかは実際に同社と何らかのパートナー契約を締結してきた。それでは，成熟した先行アジア市場（同質化市場）において，日本企業がこうしたパワーのあるパートナーと組む場合の注意点とは何だろうか。

　敷島製パンがインドフード社とパートナーシップを結び，新しい独自カテゴリーを創出し得たのは，自らが持つ「技術的差別性」を"担保"としつつ，相手が持つ「販路」と「製品適応力」を最大限に利用したからに他ならない。現地に存在しない相対的な「技術的差別性」を供与しつつ，相手の強みである流通ルート構築と製品適応力を利用する事によって，参入市場におけるパートナーシップの価値は飛躍的に向上する。いわば，敷島製パンとインドフードの2社は，インドネシア市場において，「技術的差別性」と「販路＋製品適応力」の『相互補完関係』を構築したのである。これら2社が設立した合弁会社において，食パンの製造技術はすべて日本サイドから導入された。特に，原材料の仕込み工程に関しては，事業立ち上げ後の数年間は日本人技術者が工場に常駐し，徹底的な技術指導が行われた。その一方で，合弁会社が製造する食パン，サリ・ロティ（Sari Roti）はインドフード社の持つ全国的販売網に乗り，数年間で圧倒的な小売市場シェアを獲得するに至った。また，製品の現地適応化に向けてインドフード社のスタッフは様々な製品アイディアを日本サイドに提案し，インドネシア中間層をターゲットに据えた様々な菓子パン類・調理パン類をヒットさせる事に成功した。[5]

　成熟し同質化した先行アジア市場において，「新市場カテゴリー」を創出し

収益を上げるためには，自社が現地パートナーに対し明らかな「技術的差別性」を有している事を確認する必要がある。さらには，そうした自社の強みを相手方に提供する事によって，相手方の持つ「販路」「製品適応力」を十分に享受出来るか，すなわち『相互補完関係』を構築し得るのか，慎重に見極める必要がある。

4 ● 「製品イノベーション（従来型マーケティング）」による未同質化市場への参入戦略
―エースコックベトナムのケース―

　敷島製パンのインドネシア市場参入のケースからもわかるように，同質化カテゴリーが多い東南アジア市場への参入に際しては，"相対的"な「技術的差別性」を核とした「独自価値」の創出，それに基づく「新市場カテゴリーの創出」が不可欠である（図表8-1におけるA-2のポジション）。では次に，未同質化カテゴリーが多数を占める後行アジアにおける市場参入のケースを見ておきたい。例えば，ベトナムやそれより発展の歩みの遅いいわゆるCLM[6]といった国々においては，ブランドや製品の比較購買や店舗比較購買が活発に行われる。これは，「先行アジア」であるインドネシアやタイといった国々において，市場同質化が消費行動の固定化をもたらしているのとは対照的である。後行アジア市場において，参入企業はいかなるカテゴリーを選択し，そこにおいてどのような戦略を実行すべきであろうか。

　こうした「後行アジア」諸国における市場参入においては，これまで見てきた「新市場カテゴリーの創出」に基づくバリューチェーン構築よりも，むしろ「製品イノベーション戦略」を中心とした従来型のマーケティング手段（製品戦略，販路構築，マス広告等のマーケティングミックス等の組み合わせ，すなわち図表8-1におけるB-1のポジション）を用いた方が，より的確な市場適応が可能となる。

　「製品イノベーション戦略」を用いた「後行アジア」市場参入の成功ケース

図表8-1　参入カテゴリー選択のためのポジショニング

	技術的差別性なし	技術的差別性あり
先行アジア市場 　（同質化カテゴー多い）	A−1 　自国ブランドの活用など	A−2 　独自価値の創出
後行アジア市場 　（成長カテゴリー多い）	B−1 　従来型のマーケティング活動 　（製品イノベーション戦略）	B−2

出所：筆者作成。

について，ベトナムにおけるエースコック株式会社（エースコックベトナム）へのインタビュー調査から得られた知見をもとに検討してみたい。[7]

　エースコックは，丸紅の紹介を受けて，1993年にベトナムの国営即席めんメーカーVIFONと合弁会社VIFON-ACECOOKを設立する形でベトナム市場に進出した。2004年の合弁解消時に社名をエースコックベトナムへと変更した。ベトナムの即席めん市場は，年間消費量が52億食という巨大市場である。その中で，エースコックベトナムは，年間販売実績29億食超の販売実績を上げている。1993年の事業スタートから今日までの二十数年間で，現地従業員の数は5,000人を超え，工場も，南部のホーチミン（2工場），ビンズオン省（2工場），北部のフンイエン省（2工場），バクニン省（2工場），中部のダナン（1工場），ビンロン（2工場）と計11工場を有するまでに成長した。[8]エースコックベトナムの売上は，日本本社を含めたグループ全体の売上の2割を超えるまでに成長している。また，販売数量の8％は輸出が占めており，輸出先は近隣のアジア諸国を中心に42か国にも及ぶ。

　エースコックベトナムは現地ブランドの即席めんが700ドン（約5円）で売られていた設立当初，2,000ドンの商品を発売し，品質を高く評価されたものの，価格の壁に阻まれて十分なシェア拡大を図れずにいた。しかし，その後，ベトナム産原材料を活用して開発し，徹底的に現地消費者の嗜好に合わせた戦略商品「ハオ・ハオ（Hao Hao）」を2000年に発売したところ，これが大ヒット商品となり，その後も品揃えの拡充によって順調にシェアを伸ばす結果となった。

写真8-5　エースコックベトナム本社 ホーチミンシティ

筆者撮影。

写真8-6　エースコックベトナムのブランド・ポートフォリオ

同社ホームページより抜粋。

こうしたエースコックのベトナム市場における成功は，既存製品のイノベーションを中心とした従来型マーケティング活動の成果であると考えられる。消費市場が成長の途上にある後行アジアにおいて，参入企業が的確に需要創出を行うための方法が，現地市場にすでに存在する製品をベースに機能・品質・デザイン・パッケージなどのプロダクト要素を見直す（向上させる）「製品イノベーション戦略」である。スタートアップ時の提携先である国営即席めんメーカーVIFONに代表される現地競合メーカーの製品ベネフィット（消費者にとっての便益）と参入メーカーである自社の製品のベネフィットを比較し，あらかじめ決められた開発・製造コストの範囲内で競合製品に改良を加えるというやり方である。こうした方法で開発されたのが，「個別適応化アプローチ」による戦略商品「ハオ・ハオ（Hao Hao）」であった。「ハオハオ（Hao Hao）」は，日本円で5円から6円と現地の競合製品よりもわずか高い価格設定であり，ベトナムの大衆的な市場に照準を合わせた買い易い価格となっていた。

　現地工場の工場責任者によれば，エースコックが進出する以前のベトナムの即席めんは，市場規模が大きいにもかかわらず味・品質・パッケージともに大幅に改善の余地があったそうである。開発・製造コストを勘案しながら既存市場の状況に合わせて製品価値をイノベーションしていくというこの方法は，後行アジアにおける未同質化市場だからこそ可能な方法であると考えられるのである。[9]

5 ● 「自国内ブランド力」活用による参入戦略
―日本公文教育研究会のケース―

　進出先市場において独自カテゴリーを構築するだけの「技術的差別性」を持たない日本企業にとって，本書第3章7節で取り上げた「自国内ブランド力を生かした販売戦略」は非常に効果的な戦略である。製品やサービスが日本国内においてすでに一定のブランドを確立しており，加えて現地富裕層にト

レンド・セッターとして消費を牽引する力がある場合，現地日本人をスタートアップ顧客として独自価値を創出するという戦略が極めて有効となる。ここでは，製品の販路構築を行うメーカーではないが，自国におけるブランド力を海外市場参入に巧みに生かしたケースとして，日本国内の教育サービス市場において大きなシェアとブランド力を誇る日本公文教育研究会（大阪府）について取り上げてみたい。

　日本公文教育研究会が展開する学習教室（以下，公文と呼ぶ）が初めて海外[10]に教室を設置したのは，1974年。最初の進出先はニューヨークであった。その後，1970年代以降，台湾，ブラジル，ドイツと海外事業を拡大し，現在では，48か国において学習教室を展開している。インドネシアにおいては，1993年に現地法人を設立すると，以後はフランチャイズ形式で店舗を増やし，20年間で約600教室にまで拡大した。2013年の生徒数は，ジャカルタ首都圏の6万2,000人を筆頭に，東ジャワ州2万人，中部ジャワ州1万3,000人。全生徒数は約12万人を数える。これは，東南アジアにおける同社の事業としては最大の規模となる。

写真8-7　ジャカルタ市内　至る所に「KUMON」の看板を見る事が出来る

筆者撮影。

成熟カテゴリーが多いインドネシアにおいて，なぜ公文は大きな成功を収め得たのであろうか。インドネシアにおいては教育産業が未成熟で，大手競合企業もほとんど存在しないので，教育サービス分野における新たな価値をスムーズに創出し得たという事もあるだろう。筆者はインドネシア公文の急成長の背景には，大きく次の２つの理由が存在すると考えている。

　１つ目の理由としては，現地に居住する日本人を“スタートアップ顧客”として，「新市場カテゴリー」の創出を行ったという点が挙げられる。インドネシア公文は，現地法人設立前の1991年に日本人駐在員子弟向けの教室を開設した。当然の事ながら，現地日本人の間においても公文の認知度は高く，現地の教育水準に不安を覚える親達は，同社の進出を歓迎した。２年後の1993年に現地法人を開設し，現地人向けの事業展開が開始されると，現地における積極的なプロモーションも相まって，公文の評判は日本人から現地人へと伝播していった。同社の説明によれば，スタートアップ・ステージから成長ステージにかけて，評判（特に，学習方法の利点に対する評判）は“口コミ”により，現地富裕層およびアッパーミドル層に急速に浸透していった。

　２つ目の理由としては，同社の日本本国におけるサービス品質とサービス内容を標準とし，これに合わせる形で現地におけるサービスを創り上げた点である。日本公文の教育サービスの特長としては，「教員の質の高さ」「自主的学習重視の指導」「進度別に標準化されたテキスト」などの諸点が挙げられる。これらの特長は公文の教育サービスの核（コア・コンピタンス）であり，同社の教育サービス業としての「技術的差別性」の源泉であると考えられる。こうした質の高い日本スタイルのサービスを現地において忠実に再現する事により，インドネシア公文の教育サービスは，現地日本人から現地富裕層およびアッパーミドル層へと浸透していった。特に，「教員の質の高さ」を日本レベルに合わせるために，インドネシア公文は現地向けの施策を講じている。例えば，各教師に指導方法を学ぶ勉強会への参加を義務付け，生徒への教え方や教材のレベルの上げ方といったノウハウの教師間での共有を図っている。また，年１回，教室経営者が集まり，活動目標を相互に確認し合っている。

■注

1　アジア経済ニュースNNA ASIA 2016/9/6の記事に基づく。
2　「ニッポン・インドサリ・コルビント」現地工場におけるインタビュー（2012）に基づく。
3　同上。
4　アジア経済ニュースNNA ASIA 2016/9/6の記事に基づく。
5　「双日インドネシア」食品部の岡部氏へのインタビュー（2012）に基づく。
6　CLMは，カンボジア，ラオス，ミャンマーという"新興メコン"諸国の頭文字。目黒良門「インドネシア・ベトナムの食品市場戦略ガイド」（2012）より。
7　エースコックベトナム本社におけるインタビュー（2012）に基づく。
8　同上。
9　同上。
10　インタビューによる記述は，筆者による2013年1月の日本公文教育研究会広報課への取材に基づく。インタビューの準備に際しては，下記資料を参照した。木下玲子『寺子屋グローバリゼーション』岩波書店，2010。

グローバルマーケティングと
株主中心主義の罠
―日本マクドナルドに見る"マーケティング投資の失敗"―

　本書中において，筆者は，グローバルマーケティング戦略上の判断にはマネジメントの"戦略的意図"が反映され，さらにその"戦略的意図"はマネジメントの"市場観"により決定されると主張した。本稿では，これらの影響要因に加え，企業のマーケティング戦略上の判断に影響を及ぼす，もう1つの見えざるファクターとして，"ガバナンス"の問題を付記しておきたい。"ガバナンス（governance）"とは，日本語に直訳すれば"統治"という意味である。グローバル化を加速する日本企業や産業全体が直面する喫緊の課題として，"ガバナンス"の問題が取り上げられて久しい。"ガバナンス"というテーマは，大きく2つの問題に分けて考え得る。1つは，「ガバナンスポリシー」（governance policy）の問題である。いわば，"企業は誰のために経営を行うのか"という問題である。もう1つが，上記ガバナンスポリシーを実行するための「統治制度」の問題である。ここでは，特に，企業のガバナンスポリシーとマーケティング戦略との関わりについて見ていく事にする。

　今日，ガバナンスの問題が取り上げられる背景には，米国的な"ステークホルダー主義"のグローバルレベルでの普及がある。正確にいえば，米国と欧州とでは，"ステークホルダー主義"のとらえ方は異なる。また，同じ欧州でも，大陸と英国とでは考え方の相違が存在する。しかし，これらに共通しているのは，「株主」が経営上極めて重要なステークホルダーであるとする確固たる思想である。企業は「株主」のために，「株価」を常に意識した経営を

行わねばならない。そして，「株価」に大きな影響を及ぼすものは，企業の「収益性」すなわち"稼ぎ出す力"である。さらに，株が株式市場において健全に取引されるために，企業は経営管理と業務執行が明確に分離された透明性の高い統治制度を創り上げねばならない。

　筆者は，こうした"ステークホルダー主義"あるいは"株主中心主義"を否定するつもりはない。グローバル市場参入を志す企業は，家族主義的経営の美名に安住する事なく，経営の透明性を高めるためのガバナンス改革を行い，より一層，収益性の向上に努めるべきだと思う。むしろ問題は，"株主中心主義"（いい換えれば，"収益性中心主義"）に対するマネジメント側の誤解にある。いうまでもなく，収益性は企業経営の最終的な評価基準である。とはいえ，収益性が，企業の中・長期的なマーケティング戦略計画の全期間において，常にオールマイティな評価基準に成り得るわけではない。それはあくまでも，グローバルマーケティングにおける最終的な到達目標なのである。中・長期的なマーケティング戦略計画の途上においては，市場の状況変化や企業の成長段階に応じて，様々な種類の評価基準が用いられて然るべきなのである。
　例えば，グローバル市場に参入しようとする企業が，現地市場への適応に失敗したケースを考えてみたい。こうした場合，現地市場からの撤退を行わないのであれば，当該企業はマーケティング戦略計画を創り直し（標的をとらえ直し，マーケティング・ミックスをそれに合わせ再構築する），数年がかりで収益を回復する事を考えねばならない。しかし，マネジメントが盲目的な"収益性中心主義者"であった場合，収益性確保のために，根本的な原因の究明ではなく，性急な対症療法を施そうとするかもしれない。実際に，グローバル市場において市場不適応を起こした多くの参入企業が，長期的視座を持たない株主からの突き上げにより，無謀なコストカットに走り，現地市場の信頼を失い，一層の苦境に陥るというケースが数多く見受けられるのである。本来，こうした場合にマネジメントが成すべき事は，市場参入におけ

るマーケティング戦略の修正プランとそのプロセスを自社の株主にしっかり伝え，理解を促す事である。そのためには，グローバル市場に参入しようとする企業は，中長期のマーケティング戦略計画をしっかり理解してくれる良質な長期安定株主を確保しなければならない。

　こうした誤解がグローバルマーケティング戦略にマイナスの影響を及ぼしたケースとして，2000年前半における「日本マクドナルド」の事例がある。この時期における日本マクドナルドの失敗の根本的な原因は，その極端な低価格戦略にあった。もちろん赤字転落の要因は複合的なもので，為替損益や長引く"平成不況"など様々な環境要因が逆風になったのも事実である。日本マクドナルドが低価格戦略を打ち出すに至った原因は，当時，急激に店舗を増やしていたコンビニエンス・ストアやファーストフードチェーンの値下げ攻勢に対する過剰なまでの対応である。日本のファーストフード市場が市場成長期から成熟期に差し掛かる中，日本マクドナルドはコンビニエンス・ストアや他のカテゴリー（例えば牛丼の"吉野家"など）の店舗との異業態間競争に直面し，極端な低価格戦略に踏み切った。"おにぎり"や"サンドイッチ"といったコンビニエン・ストア店頭の競合商品との熾烈な価格競争の結果，同社のハンバーガーの基本価格は迷走状態となり（135円〜65円と7年の間に7回の価格変更），利益は縮小し，消費者のブランドイメージは損なわれ，2002年度決算において23億円という赤字を出すに至った。しかしながら，この段階において，日本マクドナルドの低価格戦略の失敗はまだ同社のガバナンスポリシーとは無関係であった。次のステップ，すなわち失敗への対応過程において，米国スタイルの「株主中心主義」に偏ったガバナンスポリシーが同社の戦略に影響を及ぼしたと筆者は見ている。

　本書の冒頭において繰り返し述べたように，マーケティングとは手段（product, place, price, promotion）を標的（ターゲット）市場に繰り返し適応させ，そこから得られる利益を最大化しようとする企業活動である。いい換えれば，マーケティングの本質とは，市場適応活動において「失敗」と「失敗対応」

を繰り返し，それらの中から利益最大化のためのベストプラクティスを発見する事である。日本マクドナルドは，極端な低価格戦略による23億の赤字という失敗に直面し，これに直ちに対応しようとした。そして，その対応プロセスにおいて，モノをいう株主の声に引きずられ，長期的戦略の視点を忘れ，マネジメントが大きな"判断ミス"を犯してしまったというのが筆者の見解である。

　日本マクドナルドがこの失敗に対して取った対応は，早急に赤字を黒字化する事であった。極めて単純な話だが，赤字を黒字化するためには，費用を削るか，売上を伸ばすか，あるいはその両方を行わなければならない。日本マクドナルドは対応策として前者を選んだ。費用の削減による早急な黒字化である。マーケティング手段（product, place, price, promotion）は企業にとって最大のコスト源であり，手っ取り早く費用を削減するためには，これを削ってしまうのが最も効果的である。そこで，日本マクドナルドは，2000年代初めの大幅赤字に際して，「流通」（店舗）の削減を行った。既存店舗の大幅な削減により，赤字を黒字化しようと考えたのである。2001年までの年平均の閉店店舗数は，40店舗〜60店舗であった。それが，2002年には115店舗，2003には182店舗という極端な店舗リストラを行っていった。大胆な店舗削減策の結果，費用は大幅にカットされ，利益は見事に回復したであろうか。答えは全く逆だった。多くの売場を失い，売上は減少し，3,000億を割り込んで

図表-補論1　日本マクドナルド　利益および店舗数の推移

			（億円）		（店）
	営業利益	経常利益	当期純利益	総店舗数	店舗数増減
2000	294	293	168	3,598	340
2001	193	189	102	3,822	224
2002	39	21	-23	3,891	69
2003	28	19	-71	3,733	-118

出所：『会社四季報』および有価証券報告書をもとに作成。

2,998億円にまで落ち込んでしまった。さらに、赤字は減少どころかマイナス71億円にまで達してしまった。唐突な大幅値下げ、ころころと変わる定価、次々と閉鎖される店舗。顧客はこのハンバーガー・ブランドを見放してしまったかに見えた。

　日本マクドナルドは、失敗への対応プロセスにおいて再度失敗を犯した。グローバルマーケティングにおいて最も危険な事は、「失敗する」事ではなく、この時期の日本マクドナルドのように、失敗への対応過程において「再度失敗する」事なのである。一般的に、グローバルマーケティングにおいて多くの企業が再度失敗を犯してしまう大きな理由の1つは、原因と結果を取違えてしまう事である。赤字という状態は、戦略的マーケティングの立場から見れば、あくまで失敗の「結果」であって、失敗の「原因」ではない。従って、赤字をいくら解消したところで、失敗の「原因」は修正されない。必要とされているのは、今の「結果」を招いた「原因」つまり戦略そのものの修正なのである。しかし、多くの場合、「株主中心主義」のガバナンスポリシーに束

写真-補論1 日本マクドナルドホールディングス損益（1999-2008）

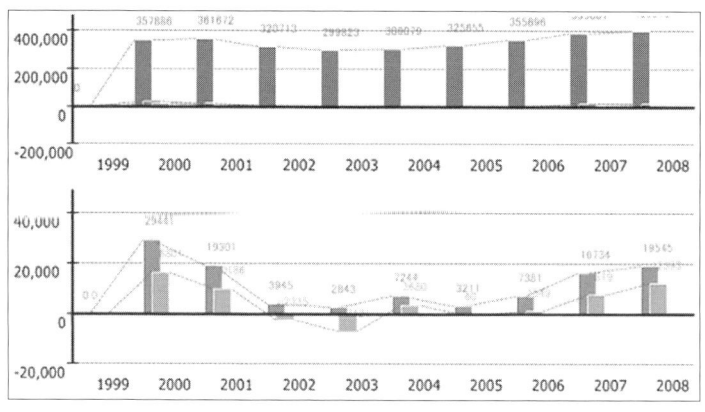

出所：Blue Marlin Partners社　資料より。

縛された企業経営者の目は，常に「結果」（赤字）に注がれてしまう。グローバルマーケティングには失敗が付きものである。企業は「株主中心主義」のガバナンスポリシーに囚われず，長期的な戦略視点から，失敗への対応に取り組まなければならないのである。

　2000年初頭における日本マクドナルドは，無謀なコストカットに走り，現地市場の信頼を失い，一層の苦境に陥るという過ちを犯してしまった。本来，こうした場合にマネジメントが成すべき事は，グローバルマーケティング戦略の修正プランとそのプロセスを自社の株主にしっかり伝え，理解を促す事ではないか。さらには，中長期にわたる戦略の修正計画をしっかり理解してくれる良質な長期安定株主を確保する事ももちろん重要となる。グローバルマーケティングとは，企業にとっては恐らく最大の投資活動である。そして，そこには適応の失敗と適応の修正が付きものである。ゆえに，海外市場に参入しようとする企業のマネジメントには，中・長期的な「戦略視野」と明確な「戦略意図」が求められるのである。

■ 参考文献
・（資料）JMR生活総合研究所「日本マクドナルドHD，業績推移，戦略経路分析」。
・田口冬樹『マーケティング・マインドとイノベーション』白桃書房，2017。
・冨山和彦『カイシャ維新— 変革期の資本主義の教科書』朝日新聞出版，2010。
・冨山和彦・澤陽男『これがガバナンス経営だ！』東洋経済新報社，2015。
・日本取締役協会編『独立取締役の教科書』中央経済社，2015。
・星岳雄「日本型コーポレートガバナンス」『経済研究』Vol. 53, No. 4（岩波書店），2002。

おわりに

　本書は，従来の海外市場参入に関する研究書とは異なる 2つの新しい視座により執筆されたものである。

　1つ目は「統合化戦略」の視座である。流通上のパワーコンフリクトを制しようとするのではなく，独自価値（バリュー）を核に新たな市場カテゴリーを創出するために，参入企業と現地ディストリビューターが同じチームの一員として相互補完的な関係を構築する。そのためには，販売チャネルを構築するのみならず，参入カテゴリー選定から製品化戦略までを広く包摂した，統合的な流通戦略が不可欠となる。

　2つ目は，「参入メーカー」としての視座である。冒頭，説明したように，東南アジア参入に関するこれまでの多くの先行研究は，大規模小売業をテーマにしたものであった。本書において，筆者はあくまでメーカーの視点から，参入市場の分析を行い，流通戦略を中心に，市場参入のための戦略インプリケーションを提示した。

　以上の2点が，本研究の持つオリジナリティである。果たしてその試みが成功したのかどうか，筆者にはまだわからない。忌憚のないご意見を賜われば幸いである。また，せめてこのささやかな論考が，東南アジア市場参入を検討する企業の戦略構築の一助になれば望外の幸せである。

　本書の執筆に当たっては，多くの方々のご支援とご理解を得た。

　インドネシア，ベトナム，ミャンマー等の国々において，日系企業の方々には，インタビュー調査，情報提供などで，いつも本当にお世話になっている。枚数の関係ですべてのお名前を挙げる事はかなわないが，厚く御礼申し上げる次第である。特に，PT. イオンインドネシアの菓子豊文氏には，調査開始当初から，研究に様々なご示唆をいただいた。深く感謝を申し上げたい。

　また，筆者が敬愛するインドネシアを代表する事業家であるノーマン・チ

ェン（Norman Chen）氏には，長きに渡り，筆者の研究に協力と賛同をいただいている。この場を借りて，氏の友情と協力に深い感謝を捧げるものである。

　筆者が流通・マーケティングの研究を進め，拙い原稿を出版するに際し，専修大学経営学部教授田口冬樹先生から受けた学恩を忘れるわけにはいかない。斯界の泰斗でありながら，止む事なく研究に邁進され，さらに学生指導に情熱を傾けるお姿は，私にとっては研究者の理想像でもある。そのご指導とご教示に，改めて深い感謝を捧げたい。

　本書の原稿の一部は，筆者がアジアの経済情報雑誌『アジア・マーケットレヴュー』（重化学工業通信社）に連載していた論考を改編したものである。日々の講義あるいは大学における種々の業務に忙殺される中，同誌への連載は貴重なペースメーカーの役割を果たしてくれた。同誌編集部藤井伸夫のご理解がなければ，本書の実現は難しかった。深い感謝を申し上げる次第である。

　末尾となったが，本書の出版化に向けて，暖かな励ましと的確なアドヴァイスを下さった白桃書房社長大矢栄一郎氏および編集部の皆様に，この場を借りて，厚く御礼申し上げたい。

　そして，いつも蔭ながら仕事を支えてくれている筆者の家族に，本書を贈りたいと思う。

2018年5月

目黒　良門

索引

■著者紹介

目黒 良門（めぐろ らもん）

早稲田大学法学部卒業
早稲田大学大学院社会科学研究科修士課程修了
東京大学大学院工学系研究科博士課程単位取得退学
現在：専修大学経営学部・教授
専門：流通戦略，マーケティング戦略
著書：『戦略的マーケティングの思考』学文社，2011年
　　　『インドネシア・ベトナムの食品市場戦略ガイド』日刊工業新聞社，2012年

■■■ 東南アジア市場参入のための流通戦略
　　 －同質化する海外市場とバリュー創出－

■ 発行日──2018年9月26日　初版発行　　　　　〈検印省略〉
　　　　　　2020年9月6日　　初版2刷発行

■ 著　者──目黒 良門

■ 発行者──大矢栄一郎

■ 発行所──株式会社 白桃書房

　　　〒101-0021　東京都千代田区外神田5-1-15
　　　☎03-3836-4781　🖷03-3836-9370　振替00100-4-20192
　　　http://www.hakutou.co.jp/

■ 印刷・製本──藤原印刷

　　ⓒRAMON MEGURO　2018 Printed in Japan　ISBN 978-4-561-66230-3 C3063